KB080378

생초보를 위한
암호화폐
설명서

4차 산업혁명 시대,
알면 정말 돈 되는 암호화폐

생초보를 위한
암호화폐
설명서

황정훈 지음

가상공간에서 시작되는 인류의 새로운 미래

인류의 역사는 지금까지 세 차례의 산업혁명을 거쳐 왔으며, 근자엔 4차 산업혁명이 시작되었다. 혁명이 시작되면 새로운 패러다임에 수반되는 지식, 정보와 기술 등이 획기적으로 변하게 된다. 그러한 변화는 인류의 사회적 삶의 현장에 파급되게 마련이다. 인간의 삶의 변화와 적응에 있어서 가장 근원적인 처방은 교육이다. 인류는 사회적 격변이 도래할 때마다 새로운 교육적 처방을 준비하여 대처해 왔다.

오늘날 정보통신 기술ICT을 필두로 하는 4차 산업혁명이 빠른 속도로 가시화되고 있지만, 아직도 우리의 사고나 관점은 3차 산업혁명 시대에 머물러 있는 것 같다. 이러한 변화에 어떻게 대처하고 적응할 것인지 잘 모르고 있다. 모르기 때문에 고민하지도 않는다. 지식의 전수와 평가에 골몰하는 기존의 왜곡된 교육관도 문제이다. 삶의 세계를 직시하는 실사구시적 교육관이 아니면, 이러한 변화를 견디기 어려울 것이다. 이미 미래를 향해 출발한 4차 산업혁명은 우리에게 결코 쉽지 않은 교육적 화두를 던진 셈이다.

이 책은 이러한 교육적 화두에 대한 답을 찾는 하나의 길라잡이가 될 수 있다. 저자는 미래를 위해 준비하고 알아야 할 것 가운데 하나인 블록체인에 대해 친절하게 소개해 주고 있다. 다만, 현재 기술적 수준에서 구체적으로 표현하는 것은 암호화폐이다. 이러한 사정 때문에 이 책에서도 블록체인을 '돈'이라는 개념으로 설명하고 있다.

돈이란 사람이 사고의 과정을 통해 어떤 물질에 경제적 가치를 부여한 개념이다. 원시시대에는 쌀, 고기, 과일 등에 경제적 가치를 부여하였고, 그 다음에는 돌, 금, 은과 같은 금속류에 경제적 가치를 부여하여 사용하였다. 현재 우리는 종이나, 플라스틱 카드 같은 형태에 경제적 가치를 부여하여 돈을 사용하고 있다. 이와 같이 어떤 자연적 물질에 경제적 가치를 부여하는 일에는 고도의 집단지성이 필요하다. 집단지성을 통해서 자연 상태의 돌이 돈이 될 수도 있다는 말이다.

미래사회에는 인터넷 상에 존재하는 '데이터'를 돈으로 사용하게 된다. 가상공간에 존재하는 '데이터'에 경제적 가치를 부여하는 집단사고의 과정이 필요하게 된다. 이것을 IT분야 및 보안 분야의 기술로 구현해 낸 것이 블록체인이다. 1990년대

초반, 인터넷이 등장했을 때를 회상해 보자. 당시 컴퓨터를 연결한 네트워크는 매우 어려운 개념이었지만, 지금은 인터넷을 일상에서 빼놓을 수 없다. 이처럼 미래사회에는 블록체인이 우리의 삶에 일상이 될 것이다. 이를 이해하고 공부하는 것이 지금은 낯설고 어렵지만, 꼭 필요하다.

이 책은 이를 위해서 많은 사람들에게 암호화폐에 대한 사용법을 설명하고 있다. 암호화폐를 사용하는 것을 통해 블록체인이 삶에 자연스럽게 이용될 수 있다는 것을 안내하고 있다. 더불어 우리에게 블록체인 기술이 미래를 어떻게 바꾸게 될지 고민하자고 한다. 데이터를 단순하게 경제적으로 활용하는 것을 넘어 지식을 전달하고 새로운 가치를 발견하는 수단으로 활용하는 방법을 탐색하자는 뜻을 읽어낼 수 있다면 좋겠다.

전)공주대학교 사범대학장 / 현)공주대학교 사범대학 교육학과 교수

이 달 우

암호화폐, 천릿길도 한 걸음부터

암호화폐는 실재일까, 허상일까? 허상이라고 하면 허상이고, 실재라고 하면 실재다. 분명한 것은 우리가 암호화폐를 실재로 만들 수도 있고, 허상으로 만들 수도 있다. 최근 많은 사람들이 암호화폐를 투자의 대상으로 여기고 돈을 많이 벌려고 한다. 각종 지표들이 암호화폐의 가격을 상승으로 표시하자 투기 광풍이 불고 있다. 사람들이 이 광풍에 눈이 멀어 암호화폐를 허상으로 만들고 있다. 이런 허상을 보면서 투자하는 사람들이 늘어나고 많은 재산을 탕진하고 있다는 사례가 언론을 통해 보도되고 있다. 이제 우리는 암호화폐의 실제 모습을 정확하게 볼 수 있어야 한다.

사실, 현재 암호화폐들은 검증되지 않은 상태로 개발되고 있다. 그러나 홍보와 마케팅은 암호화폐에 대한 근거 없는 기대 심리를 부추기고 있다. 생활에 실제로 활용할 수 있는 가치보다는 아직 개발되지 않은 잠재적 가치를 높게 평가하도록 기만하고 있는 것이다. 한마디로, 마케팅 예술이 만들어낸 환상이 현존하는 블록체인의 실체인 것이다. 따라서 우리는 지난 과거를 볼 것이 아니라 현재와 미래를 정확하게 진단할 수 있는 안목을 지녀야 한다.

실용가치가 있는 알트코인들을 제대로 공부한다면 꿈을 실생활에서 이룰 수 있을 것이다. 알트코인을 공부하는 것이 블록체인을 정확히 이해할 수 있는 지름길이다. 이를 위해서는 각 코인의 기술적인 내용과 로드맵은 반드시 확인해야 한다. 또한 개발진과 투자사의 동향을 체크해야 하는 것도 필수 항목이다. 그러나 많은 사람들이 이러한 기초적인 공부를 너무 어려워한다.

각 코인들의 홈페이지를 검색해보면, 기술적인 내용과 로드맵이 있다. 이런 기본적인 공부 원칙을 3가지로 강조한다면, "첫째, 코인의 투자는 투기에 투자하는 것이기 때문에 반드시 알고 해야 한다. 둘째, 코인을 사랑하지 말고, 자신의 돈을 사랑해야 한다. 셋째, 코인은 해당 기술 개발 일정과 실제 진행된 결과의 일치 여부, 즉 코인 기술의 언행일치를 확인해야 한다." 이것은 암호화폐에 투자하는 투자자들이 반드시 지켜야 하는 원칙이다. 이를 위해 세부적인 내용을 체계적으로 공부할 필요가 있다.

그런데 안타깝게도 암호화폐에 대한 내용은 일반인들이 이해하기 어려운 전문용어가 많다. 대부분 영어로 된 말, IT기술 계통의 공학 용어는 전문가들도 어려워한다. 낯선 용어와 이해하기 어려운 기술들이 평범한 사람들의 인생을 얼룩지게 만든다. 암호화폐의 세계에 들어오려는 사람들은 실제로 도움이 되는 공부를 해야 한다. 이러한 실제적인 공부를 안내하는 내용이 이 책에 담겨 있다. 천릿길도 한 걸음부터라는 마음으로 공부를 시작하자. 자신의 자산을 안전하게 지킬 수 있는 방법이다.

CCC CEO / 코인정보교류방https://band.us/n/a3adv9v9O1s3X 운영자 /
알트코인 분석전문가

조 영 동아쥬미

암호화폐 투자를 위한 탁월한 개론서

각종 코인들의 가격과 시총이 폭발적으로 증가함에 따라 한 편에서는 우려의 목소리도 적지 않다. 아직 실체가 없다고 생각하는 사람들에겐 가상의 가치에 열광하는 광기 어린 투자심리가 어색할 수밖에 없기에 이 같은 반응은 참으로 당연한 것이다. 하지만 암호화폐의 실체를 어디서 찾을 수 있냐는 질문은 기술적 배경을 전혀 이해하지 못한 어리석은 질문이다. 우리는 가상과 현실의 벽이 허물어지는 시대에 살고 있다는 것을 명심해야 한다.

암호화폐의 미래를 본다면 단순히 화폐의 가능성으로만 측량하기에는 그 쓰임이 너무나도 방대하다. 가치의 전달 수단과 전파 방식의 변천을 보라. 어떠한 개념이든 처음에 자리 잡기까지 진통은 있는 법이다. 근대 이후의 세계 역사에서 동인 도회사가 처음 주식이라는 개념을 유통하였을 때의 흥분과 시장의 반작용들을 떠올려 보라. 점차 개념이 확립되고 안정되어 법과 사회적 테두리에 들어오게 될 때까지 얼마간의 혼란은 당연하다. 다만 기술 혁신의 역사는 사회적인 안착 시기가 점점 단축되고 있음을 보여준다.

아직도 돈을 치마 속 고쟁이에 돌돌 말아서 보관하던 할머니가 온라인뱅킹은 믿을 수 없다며 송금은 은행 창구에 가서 해야 된다고 굽은 허리를 펴지 못하고 지팡이를 꺼내시던 모습이 아른거린다. 웃을 일이 아니다. 아직도 암호화폐는 실체가 없다며 경계하는 당신의 모습일 수도 있다. 지금이라도 늦지 않았다. 뒤처지고 싶지 않다면 이 책을 보라. 많은 설명들을 보았지만 암호화폐에 대하여 시대적인 맥락과 기술적인 배경을 이처럼 명확하고 간결하게 설명해준 탁월한 개론서를 본 적이 없다.

블록체인포럼 CEO / 국내 최대 코인투자커뮤니티 운영자

류 현LUCAS

암호화폐, 새로운 신대륙을 향하여

"한국 학생들은 학교와 학원에서, 미래에 필요하지도 않은 지식과 존재하지도 않을 직업을 위해 하루에 15시간을 낭비하고 있다." 미래학자 앨빈 토플러가 지적한 한국 교육의 현실이다. 우리의 교육은 높은 점수를 얻기 위한 교육, 좋은 대학을 가기 위한 교육으로 전락해버린 지 오래다. 시대와 역행하고 있다. 학교에서 암기한 지식으로 우리 학생들이 미래에 원하는 삶을 살아갈 수 있을까? 앞으로 사람들은 인공지능과 경쟁해야 한다. 시대는 4차 산업혁명으로 변하고 있지만, 우리의 교육은 변함없이 가르치고 있다. "미래를 위해 우리는 무엇을 준비해야 할까?" 이것이 내가 새로운 분야를 공부하며 책을 쓰게 된 이유이다. 우리에게 필요한 지식이 무엇인지 찾고 싶었다.

"미래가 현재를 결정한다." 미래학자 토마스 프레이는 삶을 바꾸는 방법을 이렇게 역설했다. 일반적으로 사람들은 현재 하고 있는 일에 따라 미래가 바뀐다고 생각한다. 이런 관점에서 현재는 미래를 준비하는 시간으로 쓰인다. 그러나 프레이는 이러한 관점을 "뒤를 보면서 앞으로 나가는 행동, 과거의 지식으로 미래를 준비하는 것"이라고 혹평한다. 당장 미래를 향해 돌아서라고 충고한다. 충격이었다. 나는 과거의 지식을 학생들에게 전달하면서 미래를 준비하라고 독려해 온 것이다. 뒷걸음질 치면서 미래를 향해 달리라고 했던 것이다. 말도 안 되는 말로 교육했던 것이다.

우리의 미래를 보려면, 4차 산업혁명의 본질을 직시해야 한다. 4차 산업혁명의 원유는 데이터DATA라고 한다. 인류가 처음 석유를 발견했을 때, 사람들은 석유를 단순히 '먹을 수 없는 물'로 취급했다. 그것을 활용할 수 있는 기술이 개발된 후부터 석유는 다양한 산업에 매우 유용한 재료원료로 쓰이게 되었다. 4차 산업혁명에 핵심 원료인 '데이터'도 마찬가지이다. 데이터를 이해하고 활용할 수 없는 사람들에게 데이터는 저장 공간과 전기 에너지만 잡아먹는 쓰레기에 불과하지만, 다양한 분야에서 활용할 수 있는 안목을 지닌 사람들에게 데이터는 '가치 있는 재료'가 된다. 미래 사회에서 사람들은 데이터를 수집 · 분석하고 가치 있는 의미로 구조화하는 능력을 반드시 갖추고 있어야 한다. 데이터를 활용하는 기술과 방법을 익혀야 하는 시기가 도래한 것이다. 교육학계에서는 이미 일부 학자를 중심으로 "교육은 사회적 실제를 가르쳐야 한다."는 주장이 제기되기도 했다. 4차 산업혁명 시대에는 데이터를 활용할 수 있는 지식이 사회적 실체가 될 것이다. 블록체인은 데이터를 활용하는 기술의 핵심이며, 블록체인을 현실에 작동시키는 것이 암호화폐이다. 교육학자로서 이와 관련한 사회적 실제를 찾아야 할 사명이 생겼다.

나는 처음 블록체인을 공부했을 때 큰 충격을 받았다. 한 시간 강의를 듣는 동안 이해할 수 있는 말이 절반도 되지 않았기 때문이다. 이해할 수 없는 외계어를 듣는 심정이었다. 사용하는 말이 대부분 영어였고, IC기술 기반의 전문 공학용어도 한데 섞여서 귀에는 윙윙대는 소리로 들릴 뿐이었다. 블록체인, PoW, PoS, 스마트컨트랙트, 세그윗, 해시, 댑, EEA, IoT, P2P, ICO, 사토시, 데드캣 등 열거할 수 없을 만큼 새로운 용어가 흘러 넘쳤다. 고등교육을 받은 사람이라는 사실이 더 부끄럽게 느껴지는 순간이었다. 분명 미래에 반드시 필요한 내용이고, 모두가 알아야 할 것인데, 이해하기 어렵다는 생각이 들었다. 여기저기 많은 자료를 찾아보았지만, 대부분 외국 서적을 번역해 놓은 자료이거나 전문가들이 작성해 놓은 전문 서적들뿐이었다.

많은 시행착오 끝에 깨달음을 얻으면서 나는 내 역할을 찾게 되었다. 많은 사람들에게 필요한 내용이라면 쉽게 풀어서 전달해야 한다고 생각했다. 이후 코인 현장의 투자자들의 생생한 노하우를 정리하려고 노력했다. 이론과 학술적 내용의 강의보다는 현장에 필요한 내용, 실질적으로 꼭 필요한 내용을 중심으로 자료를 수집하고 전문가들의 조언을 청취했다. 사실 아직은 부족한 것투성이고 미완성이라고도 할 수 있다. 내용의 수준도 턱없이 부족하여 책으로 출간하는 것을 망설였다. 다만, 내가 암호화폐를 공부하며 겪었던 시행착오들이 이제 막 공부를 시작하는 초보자들에게는 덜어지기를 바라는 마음으로 용기를 냈다.

사실, 이 책의 출간과 관련해서 내가 암호화폐를 공부하도록 처음부터 안내해 준 두 분의 숨은 조력자가 있다. 심봉준 대표와 김진범 대표가 그 두 분이다. 이 분들이 아니었다면 어쩌면 이 책이 나올 수 없었을지도 모른다. 또한 현장에 필요한 이야기를 가장 열정적으로 전수해 주신 조영동_{아쮸미} 대표, 류현루카스 대표, 그리고 이승재_님 스페셜리스트가 나의 암호화폐 현장의 스승이다. 또한 나의 불찰로 미처 감사의 말을 전하지 못하는 분들께 미리 사죄를 드리며, 아래 분들에게는 꼭 감사의 말을 전하고 싶다. 책의 내용을 꼼꼼하게 검토하고 작성에 도움을 주신 이승진 작가님, 기꺼이 책을 추천해 주신 전승권 서기관님, 김도영 선생님, 홍진욱 연구원님께 감사의 마음을 전한다.

그리고 늘 지지해주시고 응원해주시는 이달우 학장님, 신범식 학부장님, 서용모 교수님께도 감사의 인사를 올린다. 마지막으로 여름과 가을 동안 특히 역대 최장의 추석 명절에도 연구실과 서재에서 내가 집필에 몰두하는 동안 불평 없이 응원해 준 사랑하는 아내와 건희, 준희, 금별이에게 미안함과 고마움

을 전하고 싶다. 마지막으로, 이 책이 가장 적절한 시기에 출판
할 수 있게 과감하게 결정하고 추진해주신 호이테북스 김진성
사장님과 고된 작업을 맡아준 편집진 여러분들과도 출간의 기
쁨을 함께 나누고자 한다.

황 정 훈

| 차 례 |

| 차 례 |

1부 미래를 위한 열쇠

최근 언론에서는 4차 산업혁명과 관련하여 블록체인이나 비트코인에 대한 소식을 쉴 새 없이 쏟아내고 있다. 사회 각계에서도 4차 산업혁명에 대응하기 위한 인재 양성과 정책 마련의 필요성을 강조하는 목소리가 커지고 있다. 하지만 우리 주변에는 이미 시작된 4차 산업혁명을 아직도 먼 이야기나 나와는 상관없는 이야기로 생각하는 사람들이 의외로 많다.

아무리 유능한 서핑선수라도 새로운 형태의 파도를 만나면 긴장하게 마련이다. 마찬가지로 낯선 미래 사회에 대한 생소한 경제용어나 불확실한 전망을 접하게 될 때, 사람들은 누구나 막연한 거리감과 당혹감을 느낄 수 있다. 그러나 사람들이 어떻게 느끼는지, 어떻게 받아들이는지에 상관없이 미래의 일들로만 여겨졌던 많은 현상들이 이제는 부인할 수 없는 현실로서 우리 앞에 하나둘 펼쳐지고 있다. 암호화폐인 비트코인이 재테크 수단으로 떠오르며 투자 광풍을 불러일으키고 있는 것도 그러한 현실 중에 하나이다.

그렇다면 우리는 다가올 미래에 어떻게 준비하고 대응하여야 할까? 1, 2, 3장을 통해 그 해답의 열쇠를 찾게 되길 바란다.

1장
알고 싶은 미래

사람은 누구나 행복한 삶을 원한다. 즐거웠던 과거를 추억하는 것도 행복한 일이다. 하지만 과거보다는 현재에, 현재보다는 미래에 더 행복해지길 바란다. 그러나 행복한 미래를 장담할 수 있는 사람은 아무도 없다. 미래를 내다볼 수 있다면 누구나 행복한 삶을 준비할 수 있으련만, 미래의 일은 아무도 알 수 없기 때문이다.

1. 미리 보는 미래 사회

미래의 삶을 정확히 예측할 순 없어도 전문가들이 제시하는 미래 사회의 모습을 통해 우리는 앞으로 변화될 삶의 모습을 어느 정도 그려 볼 수는 있다. 지금 당장이라도 TV나 영화, 스마트폰 등에서 미래 사회의 모습이 담긴 영상을 찾아보면, 2030년대의 의식주, 교통, 의료보건, 에너지, 교육, 오락 등과 관련된 사회 전반에 관한 모습들을 쉽게 살펴볼 수 있다.

진공관 운송수단 (Evacuated Tube Transport · ETT) 개념도 *자료: ET3

예컨대 멀지 않은 미래에는 불과 4~5시간 만에 세계 일주가 가능하게 된다. 시속 6,000km로 움직이는 진공 튜브 캡슐 열차 '하이퍼루프'가 등장하기 때문이다. 중간 급유 없이 최초로 세계 일주 비행에 성공한 '글로벌 플라이어호'의 기록인 76시간스티브 포셋, 미국과 비교할 때 그야말로 꿈만 같은 이야기라고 할 수 있다. 뿐만 아니라 미래의 도시에는 공상과학 영화에서나 볼 수 있었던 자율주행 자동차가 거리를 자유롭게 돌아다닌다. 사람들은 자동차를 타고 이동 중에 독서를 하거나 아이들과 담소를 나누기도 하고, 장난을 치기도 한다. 물론 운전을 할 필요가 없어서 운전면허증은 사라지게 된다. 또 '에어버스'와 '에어택시'가 공중을 누비며 신호등이나 표지판이 없는 거리에서도 충돌 없이 목적지를 향해 이동한다.

도로를 달리고 하늘을 나는 에어버스 (※자료: http://www.airbus.com)

의료 기술의 발달은 더욱 획기적인 미래 사회의 변화를 제시한다. 지금도 3D 프린트를 이용해 신체 중 가장 프린트하기 힘들다는 인공혈관까지 만들고, 화상 환자들을 위한 얼굴 형체 프린트는 불과 3, 4만 원이면 이용이 가능한 정도다. 따라서 미래에는 3D 프린트 기술과 인공지능AI을 접목한 의료 기술의 혁명으로 질병의 예방 및 치료는 물론, 노화 역전과 수명 연장이 가능한 맞춤형 의료 서비스를 받게 된다.

미래 사회에는 교육에서도 혁신적인 변화가 나타난다. 통번역 프로그램과 기기의 발달로 세계 100여 개 이상의 언어를 실시간으로 통번역하는 스마트 안경과 디스플레이가 보급되어 학교에서는 외국어 교육이 사라지게 된다. 3D 디스플레이와 가상현실 간접체험 학습의 도입은 학생들이 학교에 가지 않고도 자신이 원하는 테마를 정해 가정에서 편하게 강의를 수강할 수 있게 한다. 외국의 명문대학 강의도 실시간으로 수강하는 시스템이 개발되어 대학도 많이 사라지게 된다.

중세 이탈리아의 천재 화가 레오나르도 다빈치는 사람이 하늘을 날아다니는 꿈을 그림으로 그렸다. 그리고 미국의 라이트 형제가 비행기를 만들어 다빈치의 꿈이 실현되기까지는 약 400년의 시간이 걸렸다. 하지만 정보통신과 과학기술의 발전으로 사람들이 상상했던 일들이 현실화되는 시간은 빠른 속도로 단축되고 있다. 그야말로 이제는 상상만 하면 뭐든지 이루어지는 세상이 펼쳐지게 된 것이다. 그렇다면 당신이 상상하는 미래는 어떠한 모습인가? 멀지 않아 현실로 다가올 미래, 당신이 살고 싶은 미래는 과연 어떠한 모습일지 한 번 상상해 보는 건 어떨까?

2. 미래를 예측하는 그림

미래라는 말은 한자로 '**아닐 미**未', '**올 래**來'라고 쓴다. '**아직 오지 않은 어떤 것**'이라는 뜻이다. '**아직 존재하지 않는 것**'이기 때문에 '**알 수 없다**'는 의미로 설명하기도 한다. 이처럼 미래는 알 수 없는 것임에도 불구하고, 사람은 누구나 미래에 대해 궁금해 하고, 미래의 일들에 대해 예측해 보고 싶어 한다. 그래서인지 초등학교 교과서에도 미래 사회를 예측하는 방법이 3가지로 소개되어 있다. 미래에 대한 예측은 초등학생부터 배우는 기본 능력이라는 의미다.

미래를 예측하는 방법

1. 추세외삽법: 지금까지 경험해 온 사실들을 바탕으로 앞으로 바뀔 것을 예측하는 방법
2. 시나리오법: 어떤 일에서 앞으로 일어날 여러 가지 가능성을 각각 알아보는 방법
3. 델 파 이 법 : 전문가들이 하나의 주제에 대하여 내놓는 의견을 종합하는 방법

옛날 사람들이 예측했던 오늘날의 모습

사람들은 이뤄지지 않을 것 같은 일이 이뤄지거나 일어나지 않을 것 같은 일들이 일어났을 때, 영화 같은 일, 만화 같은 일이 일어났다고 말한다. 영화나 만화는 현실에선 실현 불가능한 일을 풍부한 상상력을 통해 만들어 내는데, 이러한 상상력이 현실에서 실현된 사례는 셀 수 없을 만큼 많이 있다. 이는 곧 우리의 상상력이 볼 수 없는 미래를 볼 수 있게 하고, 알 수 없는 미래를 알 수 있게 한다는 말이다.

옛날 사람들에게는 우리가 살고 있는 현재가 알 수 없는 미래였다. 예를 들어 1965년에 살던 사람들은 2000년대의 사람들이 어떤 모습으로 살아갈지 알 수 없었을 것이다. 그렇다면 당시 사람들은 2000년대의 모습을 어떻게 예측했을까?

"각 가정에는 태양열로 만든 전기가 공급된다. 청소는 로봇이 하고, 사람은 전기자동차를 타고 다닌다. 소형 TV가 달린 전화로 친구를 보면서 통화를 하고, 공부도 집에서 한다."라고 예측했다고 한다. 정말 대단하지 않은가? 아래의 그림은 1965년에 예측한 2000년대의 미래 사회 모습이다. 당시 24살이었던 이정문 화백이 〈서기 2000년대 생활의 이모저모〉라는 제목으로 35년 후인 2000년의 우리 사회 모습을 만화로 표현했던 것이다.

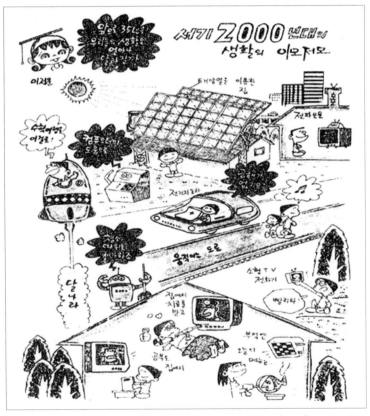

이정문 화백 作 〈서기 2000년대의 생활의 이모저모(1965)〉

당시에는 쉽게 상상하기 어려운 태양열 발전 판넬과 전기자동차, 로봇청소기, 움직이는 도로, 원격 학습 등 사회 전반에 관한 모습을 폭넓게 예측하였다. 그런데 더욱 놀라운 사실은 이정문 화백의 그림이 대부분 실현됐다는 점이다. 이처럼 우리가 미래를 잘 예측할 수 있다면, 미래에 대해 조금은 더 잘 준비할 수 있지 않을까?

현재, 우리가 예측하고 있는 미래의 모습

2014년 한국인터넷진흥원KISA은 미래를 예측하는 발간물인 『2045년 미래사회@인터넷』에서 전문가 13명의 의견을 종합하여 미래 사회에 관한 흥미로운 예측 보고서를 발표했다. 아래의 글은 한국인터넷진흥원의 예측서에 실린, 〈2045년, 은서네 가족의 하루〉 중 일부이다. 안전하고 편안한 교통, 120세까지 늘어난 수명, 로봇기술 등이 지금과 가장 크게 달라진 모습으로 묘사되어 있다.

2045년, 은서네 가족의 하루

"아빠가 젓가락으로 불고기 한 점을 집어 입에 넣는다. 소의 줄기세포를 배양해 만든 인공고기다. 준서 오빠는 밥도 안 먹고 근처 수직 빌딩농장에서 키운 사과 하나만 집어든 채 밖으로 나간다. 오늘도 분명 요란하게 튜닝한 개인용 전동 이동수단을 타고 학교에 갈 것이 뻔하다." (중략)

달리기만 하면 자동충전 되는 도로, 목적지만 입력하면 학교까지 데려다 주는 이동수단 덕분에 운전면허가 없어도 청소년도 개인용 이동수단으로 통학할 수 있다. 가족들은 런던 근교에 사는 증

조할아버지 댁을 방문하기 위해 짐을 꾸렸다. 내일로 112번째 생신을 맞는 증조할아버지를 위해 준비한 선물을 챙긴 가족들은 시속 6,000㎞로 달리는 진공관 열차를 타고 2시간 만에 런던에 도착했다. 진공관 열차는 진공 튜브관 내부를 따라 이동하는 고속열차로 지구촌 어디든 당일여행을 가능하게 해주는 획기적이고 친환경적 교통수단이다.

다음의 그림은 한국인터넷진흥원의 보고서에 실린 2045년도의 미래 사회 예측도이다. 예전에 이정문 화백이 그렸던 2000년

2045년 미래의 모습 *자료: 한국인터넷진흥원, 『2014 미래사회@인터넷』

의 미래 사회 모습이 현재의 모습이 된 것처럼, 이 예측도에 그려진 모습도 2045년에는 현실이 될 가능성이 크다. 저명한 미래학자인 레이 커즈와일Ray Kurzweil 역시 2045년의 모습을 이 예측도와 비슷하게 전망하고 있다. 그에 따르면 2045년은 기계가 인간의 지능을 넘어서는 시점[1]으로, 현실과 가상이 혼재되고, 자율주행차가 대중화되며, 1,000만 애완 로봇과 평균수명 120세의 인간이 공존하는 세상이라고 한다.

당신이 생각하는 2045년의 미래 사회의 모습은 어떠한가? 지금 당신이 상상한 모습을 30년 뒤에 비교해 본다면 무척이나 재미있고 신기하게 느껴질 것이다.

미래학자 토마스 프레이가 제시하는 미래

구글이 선정한 미래학자 중 1위를 차지한 토마스 프레이다빈치 연구소장는 지난 10년 동안 미래에 대한 특별한 통찰력을 기반으로 전 세계에 닥칠 수많은 변화를 예견하였다. 특히 토마스 프레이는 미래의 황금알 산업 후보를 제시하면서 앞으로 10년 안에 조만장자가 나타날 것으로 조심스럽게 자신의 전망을 내놓았다. 그의 상상력이 풀어낸 18가지의 미래 황금알 산업엔 어떤 것들이 포함돼 있는지 보도자료[2]를 통해 살펴보자.

1번째는 **암호화폐**Cryptocurrency이다. 그는 비트코인 같은 암호화폐가 국가라는 장벽을 넘어 사상 최초의 세계 화폐가 될 가능성이 있다고 말한다. 세계 화폐는 말 그대로 국가 기반의 경제나 중앙 통제형 경제의 영역 밖에서 작동하는 화폐를 말한다. 따라서 현재의 금융 시스템이 미처 부응하지 못하는 사람들의 금융 수요를 채워줄 수 있다. 프레이는 전 세계 성인의 절반 가량인 성인 25억 명이 은행계좌를 갖고 있지 않다며, 바로 여기에 이 화폐의 잠재성이 숨어 있다고 말한다. 이들은 저축이나 대출 같은 공식 금융 서비스도 이용하지 않는 사람들이다. 일종의 비공식 경제에 속해 있는 이들이 암호화폐를 중심으로 새로운 단일 금융시장을 형성할 경우, 암호화폐 금융가에게 펼쳐질 사업 기회는 얼마나 막대할까?

2번째는 **소행성 자원채굴**Asteroid Mining 사업이다. 소행성은 유럽우주국ESA의 우주선 로제타와 착륙선 필라이가 지난해 혜성 67P의 표면에 당도했을 때 새삼 주목을 받았다. 프레이는 가까운 장래에 가장 가치 있는 우주산업은 지구에서 가까운 소행성에서 자원을 채취하는 사업에서 나올 가능성이 있다고 말한다. 영화 〈아바타2009〉에서 에너지 고갈에 맞닥뜨린 지구인들이 대체 에너지를 찾아 머나먼 판도라 행성을 찾아 나서는 장면을 떠올리게 하는 대목이다. 왕성한 우주 활동이 가능하려면 우선 우주에서 물과 산소를 공급받을 수 있어야 한다. 이 문제가 해결된다면, 소행성 자원 채굴은 실제 현실이 될 수 있다.

그렇다면 소행성에서 어떤 자원을 가져올 것인가? 전문가들이 주목하는 것은 플라티늄백금 계열의 금속을 비롯한 희귀 광물들이다. 이 광물들은 지구에서 아주 비싸게 팔리고 있을 뿐만 아니라 용도도 매우 다양하기 때문이다. 소행성 자원채굴 사업은 이미 딥 스페이스 인더스트리스DSI=Deep Space Industries, 플래니터리 리소시스Planetary Resources 등 몇몇 민간업체와 미국 항공우주국NASA 등이 구체적인 계획을 세워놓고 있다. 미국 항공우주국은 현재 개발 중인 '오리온Orion'을 통해 장차 소행성에서 광물을 채취해오는 과정을 담은 콘셉트 동영상을 공개하기도 했다. 플래니터리 리소시스의 계획에는 구글의 창업자 래리 페이지, 영화감독 제임스 캐머런 등이 투자자로 참여했다. 이들은 소행성 자원 채취가 본 궤도에 오를 경우 수조 달러의 가치가 창출될 것으로 기대한다.

3번째는 **즉석 학습**Instant Learning이다. 현대 인류는 한 사람의 독립적인 성인으로 크기 전에, 그리고 성인이 되고 나서도 아주 많은 기간을 교육과 학습에 쏟아붓는다. 이렇게 골치 아픈 학습을 단번에 끝내주는 방법은 없을까? 언뜻 웃음거리로 치부될 만한 발상으로 여겨진다. 하지만 저명한 학자로 MIT의 미디어랩 설립자인 니콜라스 네그로폰테가 몇 해 전 바로 이런 주장을 한 적이 있다.

그는 2014년 3월 '테드TED' 콘퍼런스 30주년 행사에서 알약pill을 먹으면 영어나 프랑스어, 컴퓨터 프로그래밍, 셰익스피어 작품 등 원하는 지식을 즉시 획득할 날이 올 것이라고 예측했다. 그것도 먼 미래가 아닌 30년 안에 가능하다고 그는 주장했다. 그때가 되면 말 그대로 정보를 한꺼번에 삼켜 '내 것'으로 만들 수 있다는 것이다. 더 이상의 구체적인 설명은 없었지만, 기억과 관련한 물질들에 대한 나노 차원 연구들이 쌓이게 되면 조금씩 가시화하지 않을까 생각된다.

4번째는 **사물인터넷**Internet of Things이다. 사물인터넷은 다른 부문과 달리 이미 현실화한 산업이다. 따라서 겉으로만 보면 수조 달러의 수익을 낼 산업 후보군이 아닌 것처럼 보인다. 그러나 내용으로 들어가 보면 얘기가 달라진다. 사물인터넷이 사람의 건강과 에너지, 스테미너, 사고능력 등을 100% 이상 향상시켜 주는 장치라고 생각해보자. 아니면 식물이나 동물과 소통할 수 있는 장치라고 생각해보자. 프레이는 "그런 능력이 장래 얼마만한 가치가 있을 것이라고 생각하는가?"라고 되묻는다.

5번째는 **노화 치료**Cure for Human Aging이다. 늙고 싶지 않은 건 사람의 본능적 욕구이다. 뚜렷한 노화 치료 성과가 있는 약물이 개발된다면, 사람들은 얼마에 그 약을 사려고 할까? 만약 하루 10달러의 비용에 노화를 중단시킬 수 있다면 얼마나 많은 사람들이 이 옵션을 선택할까? 만약 10억 명이 이를 선택한다고 치자. 단숨에 연간 3조 6,500억 달러의 수입이 돌아온다. 인간의 본능을 유혹하는 분야인 만큼 잠재성이 무궁무진한 분야이다.

6번째는 **드론 서비스**Flying Drone Services이다. 드론 역시 사물인터넷과 마찬가지로 산업화 초기 단계에 진입한 상태이다. 하지만 현재 우리가 경험하는 것들은 드론이 할 수 있는 것들의 극히 일부에 지나지 않는다. 날씨의 영향을 받지 않는 고도 8만 피트 성층권에서 비행을 하는 태양광 드론을 떠올려보자. 태양광을 에너지로 사용하는 이 드론은 5년마다 수리할 때만 제외하고는 지상에 내려올 필요가 없다. 한번 띄워 놓으면 추가 비용이 거의 들지 않는 셈이다. 구글과 페이스북이 각각 타이탄 에어로스

페이스, 어센타라는 드론업체를 인수해 이런 사업구상을 구체화해 가고 있다. 이 드론을 이용해 지구촌 통신 서비스를 한 단계 업그레이드할 수 있다면 어떻게 될까? 현재 세계 인터넷 인구는 30억 명으로 추정된다. 아직도 인터넷 세계에는 40억 명이 미개척 시장으로 남아 있다.

7번째는 **기상 조절**Controlling the Weather이다. 날씨를 마음대로 조절할 수 있다면 이는 좋은 일일까 나쁜 일일까? 인류는 오랜 세월에 걸쳐 허리케인, 토네이도, 쓰나미 같은 자연 현상으로 인해 엄청난 피해를 입고 있다. 이런 자연재해를 복구하는 데는 엄청난 비용이 들어간다. 우리가 필요할 때 비가 내리게 하고, 엄청난 피해가 불가피한 우박을 미리 막을 수 있다면, 또 농사에 적합한 온도와 햇빛을 언제나 보장할 수 있다면, 이는 얼마만한 가치가 있는 것일까? 날씨를 조절해 집 앞 정원에 굳이 물을 따로 줄 필요 없이 자연이 이를 해결해 준다면 이는 얼마만한 값으로 매겨질 수 있을까? 풍력발전 단지에서 수십 미터 높이에 있는 풍력 날개에 충분한 바람이 불 수 있게 해준다면 이는 또 얼마만한 가치가 있을까? 우리의 필요에 따라 날씨를 조절할 수 있다면 이는 단순히 조만장자의 탄생이 문제가 아니라 자연에 의존해왔던 인간의 생활방식 자체를 근본적으로 바꾸는 혁명적 사건이 될 것이다.

8번째는 **즉석 수면**Instant Sleep이다. 즉석 수면이란 잠깐의 시간으로 8시간의 수면효과를 내는 것을 말한다. 만약 이것이 실제로 가능하다면, 사람은 하루에 8시간을 덤으로 갖게 되는 셈이다. 노화 치료와 마찬가지로 모든 사람이 솔깃할 법한 생활 서비스이다. 매일 10달러만 내면 즉석 수면이 가능한 장치가 있다면 얼마나 많은 사람들이 기꺼이 지갑을 열까? 프레이는 "10달러는 아무리 생각해도 너무나 싼 서비스"라며 이용료를 하루 100달러로 높여 얼마나 돈을 벌 수 있을지 단순 계산을 해보였다. 1억 명이 하루 100달러씩 지불한다면 수조 달러를 벌어들이는 건 식은 죽 먹기였다.

9번째는 **중력 조절**Controlling Gravity이다. 17세기 뉴턴이 발견한 중력은 질량을 가진 물체들이 서로 잡아당기는 힘이다. 그래서 사람은 공중에 떠다니지 않고 땅에 붙어 다닌다. 새의 날개는 이를 일시적으로 벗어나는 장치이다. 하지만 지금도 인류는 중력의 비밀을 풀지 못했다. 중력은 왜 존재하는지, 그리고 어떻게 작동하는지 등은 여전히 베일에 싸여 있다. 만약 이 비밀을 풀어 마음대로 중력을 조절할 수 있다면 이보다 더 혁신적인 기술을 상상하기는 어려울 것이다. 모든 물체의 공간 이동을 자유자재로 조절할 수 있게 되니 말이다. 프레이는 따라서 어떤 면에서 이 항목은 자신이 꼽은 18가지 항목 중에서 가장 가능성이 낮은 것일 수도 있다고 말한다. 반대로 그 해법을 찾아내기만 한다면 가장 큰 가치를 낼 수 있는 산업이 생겨날 것이라고 그는 강조한다.

영화 〈인터스텔라2014〉에서처럼 중력을 마음대로 조절할 수 있는 날이 과연 올까? 중력의 비밀을 벗기려면 중력 에너지를 전파하는 중력파의 실체부터 파악해야 한다. 하지만 인류는 아직 여기에도 다다르지 못한 상태다. 지난해 빅뱅 당시의 중력파 흔적을 찾아냈다는 발표로 전 세계 과학계가 들썩인 적이 있었으나, 이후 오류로 밝혀졌다. 그만큼 중력을 이해하는 일은 어려운 과제이다.

10번째는 **울트라 초고속 수송수단**Ultra High Speed Transportation이다. 기술이 혁신되면 좀 더 빠르고 효율적이고 저렴한 여행이 가능해지는 대신, 거기에서 나오는 부가가치는 떨어지기 마련이다. 그러나 프레이는 엘론 머스크Elon Musk나 대릴 오스터Daryl Oster가 제안한 것과 같은 튜브식 수송이 부가가치를 높여줄 것이라고 주장한다. 전기차 업체인 테슬라 모터스의 CEO인 엘론 머스크는 현재 시속 1,200km의 튜브형 초고속 열차 건설을 구상하고 있다. 'ET3' 창업자인 대릴 오스터는 시속 4,000마일로 달리는 진공관 교통수단 ETTEvacuated Tube Transport를 추진하고 있다. 지구촌을 반나절 교통권으로 묶는 야심찬 계획이다. 조금 과장하면, 순간이동을 방불케 하는 교통수단을 꿈꾸는 셈이다. 이런 식이라면 여행에 시간적·공간적 제한이 사라져 지구촌 대부분의 사람들이 거리낌 없이 여행을 떠날 수 있다. 시스템 효율화가 덧붙여진다면 막대한 수익도 가능하다.

11번째는 **시간 조절**Controlling Time이다. 시간 조절이라는 말에서 가장 먼저 떠올려지는 개념은 시간 여행이다. 하지만 이것 역시 중력의 비밀과 마찬가지로 넘어야 할 과학적 난제들이 앞에 놓여 있다. 영화 〈백 투 더 퓨처1985〉에서처럼 30년의 시간 여행은 안 되겠지만, 불과 몇 분의 시간 조작이 가능하다면? 예컨대 다른 사람들보다 10분 앞서 뭔가를 알게 된다면 이 가치는 도대체 얼마나 될까?

12번째는 **순간 해체**Instant Disassembling of Matter다. 어떤 원자재에서 내용물을 추출해내기 위해 우리가 이용할 수 있는 도구는 그리 많지 않다. 구멍을 뚫거나 물체 자체를 부수거나 갈아버리는 등 몇 가지에 지나지 않는다. 하지만 커다란 바윗덩어리 같은 물건을 순식간에 작은 분자 덩어리 수준으로 해체할 수 있는 기술이 있다면 어떨까?

13번째는 **인간 복제 또는 3D 프린팅 장기**Human Cloning or 3D Printed Bodies이다. 우리 몸은 세월이 지나면 노화한다. 하지만 어떻게든 좀 더 젊고 강해질 수 있다면 얼마나 많은 사람들이 그 기회를 잡으려 할까? 이것이 현실이 된다면 묻지 않아도 뻔한 일이다. 그러나 프레이는 이것이 수조 달러를 부르는 노다지 사업이 되려면 하루에 100만 개 수준의 인체 장기를 만들어낼 만큼 시스템이 갖춰져야 할 것이라고 주장한다. 그런데 이것은 가능할까?

14번째는 **개인용 떼로봇**Personal Swarms of Swarmbots이다. 스웜봇이란 새떼나 벌떼처럼 무리지어 움직이는 초소형 로봇을 가리키는 말이다. 생체 모방형 로봇이므로 단시간 안에 큰 성과가 나오기는 어려운 분야이다. '킬로봇' 프로젝트를 추진 중인 하버드대 연구진은 지난해 초소형 로봇 무리로 여러 가지 모양의 숫자를 표현하는 능력을 시연해 보였다. 또 헝가리 연구팀은 새의 무리 비행을 본뜬 무인기 비행에 성공한 바 있다. 프레이는 파리만한 크기의 비행로봇이 등장하려면 아직 몇 세대를 더 기다려야 하지만 개인용 스왐봇의 유용성은 매우 높다고 주장한다.

프레이가 스왐봇을 통해 상상하는 것은 다소 만화적이다. 예컨대 아침에 샤워를 하고 나면 스왐봇들이 달려와 물기를 말끔히 닦아준다. 화장대에 앉으면 화장도 해주고 머리도 다듬어준다. 일을 다 마친 후에는 주인의 옷으로 변신한다. 일상생활에 필요한 모든 일을 스왐봇들이 대신해주는 것이다. 로봇의 크기가 작을수록 더 세밀한 작업이 가능해질 것이다. 심지어 초소형 날개를 단 스왐봇들이 온몸을 둘러싸면 비행도 가능해진다. 만화적 꿈을 실현해주는 스왐봇이 나타난다면, 이건 제대로 된 대박이다.

15번째는 **로봇 도우미**Robotic Services이다. 로봇은 이미 우리의 생활 속으로 성큼성큼 다가오고 있다. 로봇에서 미래를 찾는 사업가들도 이미 수두룩하다. 물론 아직까지는 1960년대 〈우주가족 젯슨〉에 등장한 가사도우미 로봇 루지Rosie 수준에는 훨씬 미치지 못한다. 하지만 로봇은 앞으로 일상생활에서 우리가 늘상 해오던 일을 할 필요가 없게 만들어주는 존재로 발전해갈 것이다. 프레이는 로봇과 로봇 서비스용 킬러 앱을 찾아내려는 경쟁이 아주 가까운 미래에 로봇 기업들의 목표가 될 것이라고 예상한다.

16번째는 **3D 원격 아바타**3D Telepresence Avatars이다. 원격 아바타는 자기 복제의 디지털판이라고 할 수 있다. 불가피하게 참석하지 못한 회의에 나와 같은 모양과 크기의 아바타를 보내, 나와 똑같은 방식으로 그곳에서 다른 사람을 만나 일처리를 하게 할 수 있다면 어떨까? 원격 아바타의 발상은 여기에서 비롯된다. 원격 아바타의 등장은 원소스 멀티채널식 활동을 가능하게 해줄 것이다. 그렇게 되면 인간의 역량은 몇 배로 확장되고, 회사에는 더욱 많은 수익이 돌아오게 될 것이다. 정신없이 들이대는 보고서에 아마도 당신의 직장 상사가 지쳐버리지 않을까?

17번째는 **인공지능**Artificial Intelligence이다. 인공지능은 개발 단계에 맞춰 거의 모든 산업에서 게임체인저가 될 수 있다. 아직은 만족할 만한 수준이 아니지만, 인공지능 연구자이자 미래예측가인 레이 커즈와일은 2045년이면 인공지능이 인간지능을 뛰어넘을 것이라고 전망한다. 그러나 스티븐 호킹은 무서운 속도로 발전해갈 인공지능이 인류의 자멸을 재촉할 수 있다고 경고한다. 그만큼 인공지능은 그 개발 정도에 따라 인류의 문명, 인류의 운명에 큰 영향을 미치는 요소이다. 그런 인공지능 산업의 주도자는 누가 될까?

18번째는 **에너지 저장**Energy Storage이다. 인류는 에너지 생산에서는 이미 상당한 궤도에 올라와 있다. 석유 같은 화석 연료 덕분이다. 하지만 에너지 저장에서는 기술이 아직 만족할 만한 수준에 이르지 못했다. 전기차가 아직 실용화되지 못하는 가장 중요한 이유가 여기에 있다. 생산한 에너지를 효율적으로 저장하는 방법을 찾아낸다면 단박에 거대한 에너지 세계를 장악할 수 있을 것이다.

프레이가 조만장자의 탄생에 관심을 갖는 이유는 그만큼 인류에게 거대한 혜택을 가져다 줄 새로운 산업이나 콘텐츠에 대한 기대 때문이라고 한다. 실제로 미래에 이런 일들이 실현되면 지금보다 더 편리한 삶을 살 수도 있다. 그러나 우리는 그가 제시한 18가지 산업군을 살펴 볼 필요가 있다. 분명 새로운 기술과 전문적 지식이 요구되며, 대규모의 자본과 국가적 역량을 필요로 한다는 점에 주목해야 한다. 개인의 자격으로 참여할 수 있는 여지는 없어 보인다. 부의 편중과 국가 통제가 더욱 강화되어 개인의 행복에 영향을 줄 우려가 있다. 다행히 첫 번째 암호화폐 영역은 경제생활을 하는 모든 개인들의 참여가 가능하다. 암호화폐는 미래에 모두가 사용하는 평범한 도구가 될 것이다. 개인이라도 암호화폐에 대한 관심을 가지고 관련 지식을 넓힌다면 미래의 조만장자의 꿈도 실현될 수 있을 것이다.

Vision :
보이지 않는 것을 보는 힘!

헬렌 켈러는 눈이 안 보이는 장애 속에서도 여성의 인권과 반전 운동 등에서 훌륭한 업적을 남긴 인물이다. 그녀는 "장님으로 태어난 것보다 못한 건 무엇이냐?"는 질문에 "시력은 있지만, 비전이 없는 것이겠지요."라고 답했다고 한다. 눈이 안 보이는 것보다 비전이 없는 사람이 더 가엾다는 말이다. 비전이 있어야 그걸 달성하기 위해 열심히 노력할 수 있고 시행착오를 줄일 수 있으니, 비전을 올바르고 명확히 설정해야 한다고 강조한 것이다.

"지도자는 사람들이 비전을 볼 수 있게 할 뿐 아니라, 그것을 생활화하고 호흡할 수 있게 해야 한다." 세계적인 기업인 제너럴 일렉트릭General Electric Company·GE을 회생시킨 경영자 잭 웰치의 말이다. 원래 '비전Vision'이란 말의 사전적 의미는 상상력, 직감력, 통찰력 등을 뜻하거나 미래상, 미래의 전망, 선견지명 등을 뜻한다. 그러나 일반적으로는 '미래에 되고자 하는 바람직한 모습'으로 풀이된다. 여기서 미래는 5년, 10년, 30년 등으로 지정하고 그때 어떤 모습이고 싶은지를 말하는 것이다. 예컨대 "그 사람은 비전이 없다."라는 말은, '그 사람'이 5년 후 혹은 10년 후에 어떤 모습이고 싶은지, 어떤 삶을 살고 싶은지가 분명하지 않다는 말이다. 또한 "당신의 비전은 무엇입니까?"라는 말은 상대방이 미래의 어느 시점에 어떤 모습으로 있고 싶은가를 묻는 말이 된다. 물론 이런 질문을 들을 때 쉽게 답할 수 있는 사람은 드물지만 말이다.

하루를 살기 바쁜 우리에게 비전을 갖는다는 것은 먼 세상 얘기일까? 아니면 뜬 구름 잡는 막연한 이야기일까? 결코 그렇지 않다. 저축을 하더라도 무턱대고 하는 것이 아니라 미래의 명확한 비전을 가지고 한다면, 더 열심히 더 즐겁게 하게 된다. 공부도 무작정 열심히 하는 것이 아니라 명확한 비전을 세우면 그 방법과 질이 달라진다. 불필요한 일로 낭비하는 시간도 줄일 수 있다. **비전은 이렇듯 자신이 하는 일을 더욱 열심히 하도록 이끌어 주는 강력한 원동력이 된다. 거창하지 않더라도 저마다 비전을 가짐으로써 삶을 더욱 값지게 만들 수 있는 것이다.** 그런 의미에서 지금 당신을 위해 묻고 싶다.

"당신의 비전은 무엇인가?"

2장
삶을 바꾸는 것

사회는 점점 빠르게 변해 가고, 사람들은 변화된 사회 속에서 이전과는 다른 새로운 삶을 살아가게 된다. 예전에는 택시를 타려면, 길거리로 나가 손을 흔들어 택시를 세워야 했다. 하지만 요즘은 스마트폰을 열고 노란색 앱을 몇 번 터치하기만 하면 원하는 시간, 원하는 장소에 택시가 찾아온다. 돈을 송금할 때도 은행에 갈 필요가 없고, 집을 구할 때도 굳이 발품을 팔거나 부동산 중개소를 찾아가지 않아도 된다. 또 외국에 나가지 않고도 해외 어느 나라에서든 필요한 물건을 쉽게 찾아 구매할 수 있다. 이렇듯 생활을 편리하고 윤택하게 만드는 사회의 다양한 변화들이 이제는 더 이상 놀랍지도 않을 만큼 우리의 삶 속에 끊임없이, 그리고 빈번하게 일어나고 있다.

독일 작가 군둘라 엥리슈Gundula Englisch는 『잡노마드 사회 *Jobnomaden, 2001*』에서 지금과는 전혀 다른 삶을 사는 젊은이들을

'잡노마드Job Nomad'라고 소개했다.[1] 원래 노마드Nomad는 물과 풀을 따라 옮겨 다니며 가축을 기르던 유목민을 뜻하는데, 미래 사회를 사는 우리의 모습을 비유적으로 표현한 것이다. 새로운 트렌드에 따라 빠르게 옮겨 다니고 새로운 기술과 가치관을 열린 마음으로 받아들여 이전에는 없었던 가치를 창출하는 현대인을 말하고 싶었던 것이다.

분명 잡노마드들은 지금까지 우리가 살던 삶과는 완전히 다른 삶을 살아간다. 그들은 평생 한 직장, 한 지역, 한 가지 업종에 매여 살지 않는다. 승진 경쟁에 뛰어들지도 않고, 회사를 위해 목숨 바쳐 일하지도 않는다. 오히려 자유롭게 새로운 직업을 개척하며 살아간다. 그들이 이런 삶을 살게 된 이유는 무엇일까? 새로운 방식으로 살아가는 젊은이들, 그들을 변화시킨 것은 과연 무엇일까? 첨단 기술일까? 아니면 돈일까? 이에 대해 군둘라 엥리슈는 "아무것도 시도하지 않는 사람은 아무것도 얻지 못한다."라는 힌트를 준다. 정신없는 변화의 속도에 그냥 떠밀릴 것인가, 변화의 주체가 될 것인가? 이번 장에서는 무엇이 우리의 삶을 변화시키는지 함께 살펴보자.

1. 삶의 변화와 산업혁명

오늘날 우리의 삶을 변화시키는 것은 무엇일까? 가장 대표적인 것이 바로 첨단 기술의 발전이다. 예로부터 우리 사회는 기술의 진보를 통해 커다란 변화와 성장을 이룩했기 때문이다. 인간의 삶을 획기적으로 변화시킨 '산업혁명'도 새로운 기술의 등장으로 가능했다. 그리고 산업혁명은 산업 분야의 변화에 한정되지 않고 정치, 사회, 문화에 이르기까지 괄목할 만한 성장을 이루어 냈다. 그렇다면 기술의 진보에 따른 산업혁명이 우리의 삶을 어떻게 변화시켜 왔는지 좀 더 구체적으로 들여다보자.

1차 산업혁명: 증기기관과 비료의 발명

1차 산업혁명은 18세기 중반에 영국을 중심으로 시작된 기술의 혁신과 그로 인해 발생한 사회 전반의 획기적인 변화를 가리킨다. 증기기관의 발명과 공장의 기계화로 대표되는 기술의 혁신은 인간의 육체적 한계를 대신하여 대량 생산을 가능케 했다. 이전까지 소나 말 등 가축의 힘이나 사람의 노동력에 한정되었던 생산 수단이 기계로 대체된 것이다. 이로 인해 지배층만 누릴 수 있었던 상품과 서비스가 대중화되기 시작하였고, 비료의 발명으로 식량문제가 해결되면서 사람들은 이전과는 비교할 수 없는 물질적인 풍요를 누리게 되었다.

2차 산업혁명: 전기 동력과 대량 생산 시스템

2차 산업혁명은 19세기 후반부터 20세기 초까지 전기 동력과 컨베이어벨트를 기반으로 한 대량 생산 체제의 산업혁명을 가리킨다. 2차 산업혁명은 영국뿐 아니라 독일, 프랑스, 미국 등에서 크게 일어난 전기, 화학, 석유, 철강 분야의 기술 혁신이 두드러진다. 이로 인해 소비재가 대량으로 생산되면서 물질의 풍요를 바탕으로 한 중산층이 증가하고 교육도 대중화되기 시작했다. 그리고 이러한 사회적 변화는 민주주의가 발전하는 토대로 작용하였다.

3차 산업혁명: 컴퓨터 자동화와 인터넷

20세기 후반에는 컴퓨터와 인터넷을 기반으로 한 디지털 기기와 정보통신 기술의 개발로 제조업과 산업 전반에서 자동화가 이루어졌다. 특히 인터넷의 보급으로 시간과 공간의 거리가 단축되면서 정보의 이동과 교환이 급격히 빨라져 세계 여러 나라가 실시간으로 소통하는 지구촌 시대가 열리게 되었다. 이러한 일련의 변화를 3차 산업혁명이라고 한다. 초기의 3차 산업혁명은 TV나 음향기기, 시계 등 아날로그적 기계 패러다임으로 제조되던 기기가 디지털 방식으로 만들어지고, 컴퓨터 등 독립적인 정보통신 기기를 활용한 정보 교류가 활성화되는 수준이었다.

원래 인터넷은 1969년 미국 국방성의 군사 프로젝트에서 시작되었는데, 냉전시대 때 미국이 소련의 핵 공격을 가상하여 어떠한 경우에도 작동이 가능한 네트워크가 필요하게 되어 개발한 것이라고 한다. 그 결과 만들어진 아르파넷ARPANET은 당초 취지인 군사용 목적의 밀넷MILNET이라는 새로운 통신망으로 분리되고, 아르파넷ARPANET은 학술적인 목적으로 사용하게 됐다. 이후 미국 국방성의 결정에 의해 아르파넷이 그 기능을 중지함에 따라 아르파넷이 수행하던 기능들이 미국과학재단NSF으로 넘어가게 되었고 1988년 미국 전역에 슈퍼컴퓨터를 연결하는 네트워크NSFNET가 탄생을 하게 되었는데, 이것이 인터넷의 시초라고 할 수 있다.

우리나라 인터넷의 시작은 1982년 서울대학교와 전자통신연구소 간에 SDNSystem Development Network을 연결하면서부터였는데, 본격적인 상용화는 1994년 유럽의 'EUROPANET'과 전용선이 연결되면서부터였다. 그 해 KT, 데이콤, 아이네트 등의 '상용 ISP인터넷서비스제공업체'들이 생겨났다. 이후 공공기관 최초로 청와대 홈페이지가 오픈했고, 1996년부터는 전자상거래 컨소시엄이 결성되었으며, 백화점 최초로 롯데가 전자상거래를 시작하였다. 이로써 인터넷이 본격적으로 비즈니스의 수단으로 활용되기 시작한 것이다.[2]

인터넷이 우리나라에 처음 도입됐던 1982년 당시에는 관련 담당자를 제외한 대다수의 사람들은 인터넷을 이해하지 못했다. 더욱이 인터넷이 지금과 같이 정치, 경제, 사회적으로 모든 구조를 바꿔 놓을 것이라고는 그 누구도 예상하지 못했다. 하지만 오늘날 인터넷은 우리의 일상에서 떼려야 뗄 수 없는 생활 필수 인프라로 자리 잡았고, 글자를 모르는 유아들까지도 이용하기에 이르렀다.

2. 새로운 변화를 잉태한 4차 산업혁명

세상은 이미 모든 것이 손 안에서 이루어지는 유비쿼터스 시대가 되었다. 4차 산업혁명은 기계도 컴퓨터도 지능을 가지고 스스로 학습하고 조작하는 스마트 지능화 사회를 예견하게 한다. 이러한 세상은 지금까지 존재하지 않았다. 어쩌면 4차 산업혁명은 우리의 일을 바꾸는 것이 아니라 '우리 자체를 바꾸는 것'[3]일지도 모른다. 이제 완전히 새로운 변화를 예고하는 4차 산업혁명에 대해 알아보자.

4차 산업혁명이란?

4차 산업혁명은 인공지능, 사물인터넷, 빅데이터, 모바일, 로봇 등 첨단 정보통신 기술이 경제, 사회 전반에 융합되어 나타나는 혁신적 변화를 말한다. 2016년 세계경제포럼WEF, World Economic Forum에서 클라우스 슈밥Klaus Schwab 회장이 처음 언급하면서 화제가 되었는데, 그는 4차 산업혁명이 지금까지 진행되었던 3차례의 산업혁명과 확연히 다르다고 강조하였다.

산업혁명의 변화

구 분	시 기	내 용
1차 산업혁명	1784년	증기, 기계 생산
2차 산업혁명	1879년	전기, 노동 분업, 대량 생산
3차 산업혁명	1969년	전자, 정보 기술, 자동 생산
4차 산업혁명	?(미확실)	사이버–물리 시스템

※ 출처: Schwab (2016)

앞으로의 세상은 사물인터넷으로 모든 것이 연결되는 사회가 된다. 이를 통해 세계 최고의 강좌를 온라인으로 수강할 수 있기 때문에 학생들은 더 이상 학교에 가지 않아도 되고, 동영상으로 질문도 하고 토론도 하는 '사이버 클래스Cyber class'가 보편화된다. 또 병원에서는 수술실에 설치된 로봇을 통해 원격으로 수술이 진행된다. 이에 따라 4차 산업혁명 시대에는 교수나 의사, 기자 같은 전문 직종의 사람들이 기계나 로봇으로 대체되어 지적 재산권을 가진 세계 최고들만 살아남게 될 것이다.[4]

4차 산업혁명 사회에서는 인간과 사물을 비롯한 사회 모든 시스템이 연결되며, 현실과 사이버가 융합되는 새로운 패러다임이 구축된다. 사물인터넷 환경에서 빅데이터가 산출되고, 이를 처리하고 활용하는 인공지능이 발전하게 된다. 또 현실 세계는 가상현실, 증강현실과 다시 연결되며, 이로 인해 공유를 기반으로 하는 '우버화Uberization'가 진행되고, 제조업의 서비스화가 이루어지게 된다. 『4차 산업혁명』이라는 책에서 김대호2016가 제시한 다음의 10가지의 키워드를 살펴보면 4차 산업혁명의 특징을 좀더 쉽게 이해할 수 있다.

1) 연결

4차 산업혁명의 핵심은 무엇보다도 '연결connectivity'이라고 할 수 있다. 인간의 역사는 연결을 확대해 온 역사로도 설명된다. 인간은 테크놀로지의 발전과 융합을 통해서 연결의 폭과 깊이를 한층 더해 왔는데, 특히 물리적 연결은 그 속도를 빠르게 좀

히고 있다. 불과 100년 전까지만 해도 서울에서 뉴욕까지 가는데 1개월이 걸리던 것이 이제 비행기로 14시간 정도로 좁혀졌다. 앞으로 초음속 여객기 'X플레인X-Plane'이 등장하면 이 시간이 3시간으로 앞당겨질 것이라고 한다. 물리적 연결보다 가상 세계에서의 연결은 더욱 극적이다. 웨어러블 기술 등으로 인해 인간과 인간의 연결뿐만 아니라 인간과 사물, 사물과 사물의 연결이 실현되고 있다.

2) 사이버-현실 융합

연결은 더 나아가 현실과 사이버를 융합시키는 결정적인 역할을 한다. 예전에는 현실과 사이버 세상이 서로 구분되고 상호 보완적인 것으로 여겨졌지만, 이제는 융합되는 방향으로 변화하고 있다. 사이버의 수요를 현실 공급자로 연결하는 비즈니스인 O2Oonline to offline가 등장하는 것이 대표적인 사례다. 이것은 생활의 편의를 제공할 뿐만 아니라 라이프스타일을 바꾸고, 인식의 전환을 가져온다.

3) 사물인터넷

사물인터넷은 이러한 연결을 가능하게 하는 기반이다. 2025년까지 1조 개 이상의 센서가 인터넷에 연결될 것으로 예상된다(World Economic Forum, 2015).[5] 인간은 스마트한 센서를 갖춘 기기와 더욱 연결되고, 이는 우리 주변에 무한대로 도입된다. 가정, 액세서리, 교통, 도시, 에너지 등 모든 분야가 인터넷으로 연결된다. 심지어 센서가 인간의 몸에 주입되어 인터넷과 직접 연결해 소통할 수 있다. 이 경우 인간의 건강 상태를 항상 모니터해 질병을 예방할 수 있고, 실종된 사람을 찾는 데도 큰 도움을 줄 수 있다. 그러나 프라이버시가 침해되거나 조직 등에서 인간을 감시하는 데 이용될 여지도 커진다.

4) 인공지능

인공지능의 역사는 이미 오래됐지만, 최근 빅데이터의 출현과 기계 스스로가 학습할 수 있는 '딥러닝deep learning'이라는 알고리즘이 개발되면서 인공지능 분야가 급속히 발전하였다. 인터넷과 모바일은 텍스트, 동영상, 음성 등 엄청난 양의 데이터를 만들고 있는데, 예전에는 이런 데이터들을 분석할 수 있는 도구가 없었다. 그러나 스마트 기기들이 등장하고 딥러닝이 개발되면서 인공지능이 현실화되고 있다.

그러나 인공지능의 발전에 따른 문제도 제기되고 있다. 인공지능에게 인간의 일을 빼앗기는 것은 아닌지, 인공지능에 의해 인류가 지배당하는 것은 아닌지에 대한 우려들이 이에 해당된다. 심지어 인간의 정신과 신체의 기계화 정도에 따라 인간이 다양한 종種으로 분화하는 것 아니냐는 목소리도 나오고 있다. 물론 이러한 우려는 시기상조로, 그렇게까지 발전하는 데에는 앞으로도 수십 년이 더 걸릴 것이다.

5) 가상현실

가상현실은 시공간의 제약과 환경의 제약을 극복하는 삶을 가능하게 하여 인간의 경험의 폭을 크게 확장시킨다. 현실보다 더 큰 재미를 주고, 현실에서 경험하지 못하는 것을 가능하게 하는 새로운 현실감을 가져다주는 것이다. 이로써 인간은 현실의 모든 대상뿐 아니라 가상 환경의 모든 대상과도 연결되어 상호작용을 하게 된다. 기존의 가상현실은 시뮬레이션 형태로 일부 도입되어 왔지만, 앞으로는 교육, 미디어, 의료 등의 분야에 더욱 커다란 변화를 일으킬 잠재력을 가지고 있다.

6) 우버화

연결이 확대됨에 따라 세상은 플랫폼 기반의 사회와 경제로 변화된다. 특히 스마트폰 앱으로 서비스를 원하는 이용자와 그 서비스 제공자를 연결해 주는 새로운 연결의 비즈니스가 발달하게 된다. 그 단초는 우버Uber가 제공했다. 우버는 모바일 차량 예약 이용 서비스로, 차를 가진 개인과 차가 필요한 이용자를 스마트폰 앱으로 연결해 비즈니스의 혁신을 불러일으켰다. 이제 우버 모델은 모든 서비스로 확대되고 있는 바 사람들은 이것을 가리켜 '경제의 우버화'라고까지 부른다. 이는 곧 주문형on-demand 디지털 경제를 일컫는다.

그러나 우버는 기존의 경제 제도나 규제, 노동자 등과 충돌을 일으킨다. 예를 들어, 우버는 기존에 면허를 받은 택시 산업을 규정하고 있는 법을 위반하기 때문에 불법 여부의 문제를 두고 전 세계에서 논란이 되기도 했다. 또 미국 주요 도시는 이를 합법으로 인정한 반면, 한국에서는 불법으로 간주하고 있다. 게다가 우버 운전기사를 독립적인 사업자우버의 계약자로 볼 것인가, 아니면 실질적인 우버의 피고용인직원으로 볼 것인가와 같은 노동직의 분류를 놓고도 논란이 일고 있다. 하지만 우버화는 완전히 새로운 21세기형 비즈니스 모델로, 이를 20세기 구분법으로 재단하기는 어렵다.

7) 인더스트리 4.0

산업도 서로 연결을 증진함으로써 연결된 산업connected industry으로 발전한다. ICTinformation & communications technology, 정보통신 기술와 제조업의 융합을 통해 산업 기기와 생산 과정이 연결되고, 상호 소통하면서 최적화, 효율화를 달성할 수 있다는 것이다. 기존의 전통적인 공장도 스마트 공장smart factory화로 혁신하는 것을 포함한다. 이를 독일 정부가 2011년 '하이테크 2020 전략'의 하나인 '인더스트리 4.0'으로 부름으로써 일반화되었다. 물론 이것이 단지 산업의 효율화만을 위한 것은 아니다. 결국 인간의 노동과 삶의 질 변화에 대한 문제라고 할 수 있다.

8) 일자리와 노동

4차 산업혁명이 가져오는 핵심 논란 중 가장 쟁점이 되는 것은 일자리에 관한 문제이다. 인공지능과 지능정보가 인간의 일자리를 빼앗는 것이 아니냐는 우려가 크다. 이것은 일자리 문제뿐만 아니라 노동 성격의 변화와도 관련이 깊다.

9) 지능정보사회

사물인터넷, 인공지능, 가상현실 등으로 연결이 극대화된 사회를 지능정보사회라고 할 수 있다. 기존의 정보사회가 지능이 결합되면서 연결을 한층 증진시키는 것이다. 이런 지능정보사회는 사회적으로 공동체와 결사체를 넘어 공감사회로 변화하며, 기술은 기계기술, 정보 기술을 넘어 지능정보 기술로 진화한다. 이에 따라 경제는 물질 경제를 넘어 서비스경제화로 가고, 더 나아가 공유경제와 체험경제로 발전한다. 사회의 지배 양식은 예전의 수직적인 위계적 지배 질서를 넘어 수직·수평의 혼계적 지배 질서로 변화하게 된다. 또한 문화는 다문화를 넘어 혼성문화로 변화한다.

10) 거버넌스

4차 산업혁명 사회, 지능정보사회에 걸맞은 거버넌스의 준비도 필요하다. 규제와 문화를 바꾸고, 공공 부문과 민간 부문의 역할도 달라져야 한다. 지금까지 한국의 규제는 포지티브 규제 시스템으로 운영되었다. 이것은 공업과 제조업 중심의 성장을 뒷받침하기 위한 제도로 만들어져 운영되었다. 하지만 4차 산업혁명 사회는 포지티브 규제 시스템과 충돌한다. 따라서 규제 시스템을 네거티브 규제로 바꾸지 않으면 안 되며, 공공 부문의 거버넌스도 다시 짜야 한다.

4차 산업혁명의 명(明): 기대감

최근 4차 산업혁명의 한 단면을 보여 주며 우리 사회를 깜짝 놀라게 한 사건이 있었다. 바로 2016년 3월에 있었던 알파고AlphaGo와 프로 바둑기사 이세돌의 바둑 대결이었다. 이는 인공지능과 로봇, 사물인터넷, 빅데이터 등을 통한 새로운 융합과 혁신이 우리에게 어떤 영향을 주는지 충분히 설명해준 사건이라 할 수 있다. 이세돌과 알파고의 바둑 대결을 통해서 확인했듯이, 4차 산업혁명은 인간의 물리적인 한계를 넘어서 전혀 다른 맥락으로 진행되고 있다. 즉, 인간의 지능을 닮은 기계를 만들어 인간을 대체하게 한다는 것이다. 이렇게 되면 기계가 인간을 대신할 정도가 아니라 인간의 지능을 초월하는 수준까지 도달할 것이다.

또한 2016년 7월에는 '포켓몬고Pokémon Go'라는 게임이 전 세계적으로 열풍을 일으켰는데, 이 때문에 한국에서도 속초로 가는 젊은이들의 여행이 폭발적으로 증가했다. 포켓몬을 잡고 싶은 젊은이들의 욕구가 일상의 모습을 바꾼 사례로 볼 수 있다. 이러한 사례들을 통해서 우리는 4차 산업혁명에 대한 본질적 힘을 느낄 수 있다.

4차 산업혁명은 단순히 문명적 편리함을 제공하는 차원의 변화를 넘어선다. 가상공간의 필요를 만들고 이것이 실제 현실의 모습을 바꾸는 것이다. 인간의 능력을 넘어선 인공지능과 로봇에 의해 창출된 가상공간이 사람들이 지금껏 꿈꾸지 못한 풍요를 제공할 수 있음을 보여준다.

세계경제포럼에 따르면, 2025년까지 로봇 약사가 등장하고, 3D프린터로 자동차를 생산하게 될 것이라고 한다. 미국에서는 자율주행차self-driving car가 10%를 넘고, 기업의 30%는 인공지능으로 회계 감사를 수행할 것이며, 정부는 블록체인blockchain으로 세금을 징수하게 된다고 보았다. 또한 2021년에는 로봇 서비스가 일반화되고, 2022년에는 3D프린터에 의한 대량 생산, 2023년에는 빅데이터에 의한 의사결정이 일반화되며, 2025년에는 인공지능이 화이트칼라 노동을 대체하고, 2026년에는 인공지능이 스스로 자신의 의사를 결정하게 될 것이라고 전망했다.[6]

4차 산업혁명의 암(暗): 걱정거리

앞에서 살펴본 바와 같이 '융합'과 '연결'로 대표되는 4차 산업혁명 시대는 자율주행 자동차와 가정용 로봇, 인공지능 기반의 의료기기 발달, 공공안전 및 보안에 대한 활용도가 높아지며 우리의 생활을 더욱 편리하게 해 줄 것으로 기대된다.

반면에 4차 산업혁명으로 인해 대다수의 일자리가 사라질 것을 우려하는 목소리도 크다. 2017년 4월 한국언론진흥재단 미디어연구센터의 설문조사에 의하면, 응답자의 85.3%는 "4차 산업혁명으로 빈부격차가 심해질 것이다", 76.5%가 "4차 산업혁명으로 일자리에 위협을 받을 것이다", 83.4%가 "미래세대의 일자리를 감소시킬 것"이라고 대답하기도 했다. 이처럼 일자리에 대한 불안감이 높은 가운데서도 "4차 산업혁명은 인류에게 혜택을 줄 것인가"라는 질문에 대해 82.6%가 긍정적 대답을, "4차 산업혁명은 한국경제의 신성장 동력이 될 것인가"라는 질문에는 82.4%가 긍정적 대답을 하며, 다가올 미래에 대한 기대를 나타내기도 했다.

혁신적 기술은 우리가 어떤 방향으로 어떻게 사용하는지에 따라 결과가 달라진다. 4차 산업혁명을 파악하고 어떻게 대응할지 미래를 준비하는 자세가 필요하다는 말이다. 이제 인류는 컴퓨터와 기계가 스스로 생각하는 시대를 맞이하게 되었다. 지금까지 약 200만 년가량 인간이 모든 것을 지배해 왔는데, 앞으로는 기계가 우리의 삶 속에 깊이 들어와 기계와 함께 일을 하는 세상이 오게 된 것이다. 어쩌면 어떤 사람들은 기계를 관리하고 명령을 내리는 계층이 될 것이고, 어떤 사람들은 기계에 지배를 당하는 계층이 될 것이다. 어떤 계층에 속할 것인지 걱정거리임에 틀림없다.

어떻게 준비할 것인가?

아직 4차 산업혁명이 본격적으로 진행된 것은 아니지만, 우리가 그 길로 들어가기 시작했다는 것만은 분명한 사실이다. 그러나 4차 산업혁명을 인공지능과 사물인터넷 등 기술 혁신으로만 파악해서는 안 된다. 사회, 경제, 문화, 교육 등 전 영역에서 사회적 혁신이 함께 뒷받침되어야 한다. 이는 한국 제도와 관행, 문화를 완전히 바꾸어야 한다는 뜻으로, 이를 위해서는 엄청난 고통과 시간이 필요할지도 모른다.

4차 산업혁명을 통한 기술의 혁신이 인류에게 혜택만 줄 수 있다면 더할 나위 없이 좋겠지만, 대체로는 부작용이 동반되기 마련이다. 아무리 좋은 약이라도 모든 약에는 부작용이 있다. 지금 우리는 복잡한 이해를 필요로 하는 새로운 인터넷 세상4차 산업혁명으로 이행하고 있다. 얼마 지나지 않아 우리는 4차 산업혁명의 이면이 가지고 있는 부작용과 마주하게 될 것이다. 심도 있는 논의가 필요한 시점이 도래하고 있는 것이다.

세계의 석학들은 인공지능을 기반으로 하는 무인화 로봇의 시대가 펼쳐질 세상에서 도전을 하지 않는 기업과 국가는 살아남지 못할 것이라고 경고한다. 새로운 세상을 준비하지 못하는 개인 역시 새로운 기회를 잡지 못해 도태되고 말 것이다. 개인이든, 기업이든 나아가 국가까지 4차 산업혁명을 이해해야 하는 이유가 바로 여기에 있다. 어떤 전문가들은 4차 산업혁명의 시발점을 2020년으로 주장하기도 한다. 시간이 얼마 남지 않았다. 기회를 잡을 것인가, 도태될 것인가? 미래는 상상하고 준비하는 자의 것임을 절대 잊지 말아야 한다. 선택은 당신에게 달려 있다. 어떤 선택을 할 것인지, 스스로에게 질문을 던져보자.

체인지(CHANGE)라 쓰고
찬스(CHANCE)라 읽어라!

마이크로소프트 창업자 빌 게이츠가 한 기자와 인터뷰를 했다.
"당신은 어떻게 뛰어난 두뇌로 세계적인 부자가 될 수 있었습니까?"
기자의 질문에 빌 게이츠의 대답은 아주 간단했다.
"저는 당신이 생각한 것처럼 똑똑하지 않습니다. 그리고 특별한 재능이
많은 것도 아닙니다. 저는 변화하고자 하는 마음을 생각으로 옮기고, 그
생각을 행동으로 옮기는 데 노력했을 뿐입니다."

지금 당신은 현재의 삶에 만족하는가? 대부분의 사람들은 현
재의 삶보다는 앞으로의 삶이 더 행복하길 바란다. 그렇다면 현
재의 삶을 바꾸는 것에 대해 생각해본 적은 있는가? 어쩌면 한
번쯤 아니, 매일 생각하고 있을지도 모른다. 하지만 바꾸고 싶
다는 생각은 쉽게 해도, 실제로 바꾸는 건 결코 쉽지 않을 것이
다. 바꾼다는 것은 익숙하고 잘 알고 있는 것을 버리고 낯설고
잘 모르는 것을 선택해야 한다는 뜻이기 때문이다. 곧 상당한
부담과 두려움을 감수해야 한다는 말이다.

그러나 변화를 시도하지 않으면 보다 나은 미래 대신 현재의
삶을 반복할 수밖에 없다. "인생은 참으로 부메랑과 같다. 당신
이 준만큼 되돌아온다."라는 카네기의 말처럼, 새로운 도전 없이

새로운 삶을 개척할 수는 없다. 현재의 삶을 바꾸고자 하는 마음이 절실하다면 변화를 두려워하지 말아야 한다. 더구나 현재를 바꾼다는 것이 커다란 모험이나 거창한 도전만을 의미하는 것도 아니다. 작은 것에서부터 변화를 시작하는 것이 오히려 커다란 변화를 가능케 할 수 있다. 예컨대 차를 이용하는 대신 걷기를 시작하고, 늦게 자는 대신 일찍 자고, 입에 좋은 음식 대신 몸에 좋은 음식을 먹는 등, 지금 당장이라도 일상적인 것에서부터 변화를 시도할 수 있다. 이런 작은 변화가 새로운 습관과 새로운 라이프스타일을 만들고, 나아가 새로운 도전과 기회를 갖게 하며, 새로운 세상을 경험하게 만든다.

이제 우리는 다가올 미래, 격변할 미래에 대해 막연한 두려움과 불안감 대신 지금부터라도 무엇을 준비해야 할지, 어떤 변화를 시도해야 할지 구체적으로 고민해야 한다. 먼저 고민하고 먼저 행동한 사람이 앞서는 것은 지극히 당연한 결과다. 조금만 용기를 내어 그 당연한 일을 당신도 한 번 경험해 봐야 하지 않을까?

CHANGE → CHANCE

CHANGE에 'G' 자를 'C' 자로 바꾸어 보십시오.

CHANCE가 됩니다.

즉 변화하고자 하는 사람에게 기회가 옵니다.

변화를 두려워하지 마십시오. 변화는 기회이며,
그 기회를 놓치지 않는 사람만이 삶을 바꿀 수 있습니다.

자신에게 물어보라.
난 지금 무엇을 변화시킬 준비가 되었는가를.
- 잭 캔필드 -

3장
미래를 위한 준비

돈은 예나 지금이나 사람이 사는 데 꼭 필요한 것이다.
아주 오랜 옛날에는 돌, 곡식, 조개껍데기 등의 물품을 돈으로
사용하였지만, 교환할 것들이 점점 많아지면서 금이나 은 등의
금속으로 만든 화폐를 저울에 달아 사용하기도 하였다. 기술의
진보로 사회가 변화하면서 금속화폐가 등장하였고, 시장규모가
커지면서 금속화폐를 대체하는 지폐가 나타났으며, 인터넷 등
온라인거래가 중심이 되면서 이제는 전자화폐가 도입되고 있다.
이렇게 사람은 원시시대부터 돈을 필요로 했고, 돈은 다양한 형
태로 변모해 왔다. 그렇다면 미래에는 돈의 형태가 어떻게 변화
될까?

1. 미래에 필요한 돈

원시시대부터 고대, 중세에 이르기까지 사람들은 살아가는 데 필요한 것들을 물물교환을 통해 얻었다. 그리고 중세 이후 근대 이전까지는 금화, 은화, 희귀한 귀금속 등으로 필요한 물건을 얻을 수 있었다. 하지만 산업혁명 이후 근대에 이르러서는 무거운 금속 대신에 신뢰를 기반으로 하는 현금이나 수표, 어음과 같은 신용화폐를 교환 수단으로 중요하게 생각하기 시작했다.

경제적 자산을 돈으로 바꾸어 보관하고 활용하면서 인류의 삶은 크게 변화하게 되었다. 현재 우리 사회는 모든 것이 돈으로 책정되고 교환된다. 물건을 매매할 때뿐 아니라 교육을 받기 위해서도 돈을 지불해야 하고, 사람에게 상을 줄 때도 돈상금으로 주고, 벌을 줄 때도 벌금형이나 보석 등 금전적으로 해결해야 하는 경우가 있다. 이처럼 돈은 사람이 살아가는 데 없어서는 안 될 매우 편리하고 중요한 수단이 되었다. 그렇다면 미래에는 과연 돈이 어떤 모습으로 우리의 삶에 영향을 미치게 될까?

사람이 사는 데 왜 돈이 필요할까?

사전적 의미로 돈은 화폐貨幣라고 하며, 일정한 가치를 가지고 사람과 사람 사이의 교환을 가능하게 해주는 수단이라고 정의된다. 흥미롭게도 돈이라는 말은 '돈다'라는 동사에서 유래했는데, 한 곳에 머물지 않고 돌아다닌다는 뜻이다. 돈은 사람 사이를 돌고 돌면서 사람들에게 가치 있는 역할을 하기 때문에 필요하다. 여기서 가치價値란, 어떤 대상이 인간과의 관계에서 지니는 유의미함을 뜻한다. 이런 말은 이해하기 좀 어려우니까, 여기에서는 가치를 이익利益이라는 의미로 바꾸어 생각해 보도록 하자. 즉, 가치 있다는 말을 '이익이 된다.' 또는 '이익이 있다.'는 정도로 이해하면 되겠다.

그렇다면 왜 사람은 교환을 하며 살아야 할까? 살면서 필요한 모든 것을 가지고 있는 사람은 세상에 아무도 없다. 예를 들어, 과일농사를 짓는 A와 물고기를 잡는 어부 B가 서로 교환을 하는 경우를 살펴보자.

어느 날 A는 고등어가 먹고 싶다. 그런데 사과는 많지만, 고등어는 없다. 반면, 어부 B는 매일 먹던 고등어는 싫고 맛있는 사과가 먹고 싶다. 역시 B에게는 고등어가 많지만, 사과는 없다. 이럴 경우 A와 B가 만나서 자신에게 많은 것을 주고, 없는 것먹고 싶은 것을 받으면 문제가 해결된다. 즉, A와 B가 교환을 통해서 서로에게 이득을 만들게 되는 것이다.

이렇게 사과와 고등어를 바꾼 행동을 교환이라고 하는데, 여기에서 중요한 점은 교환이 일어나기 위한 조건이다. 즉 당사자들에게 바꿀 대상이 가치가 있을 때 교환이 가능하다는 것이다. 교환의 기능을 비롯하여 돈의 역할을 간단히 정리하면 다음과 같다.

물품화폐 이야기: 돈이 없을 때는 어떻게 살았을까?

물건과 물건 맞바꾸기

원시시대 사람들은 자급자족 생활을 하다가 생산력이 조금씩 향상되면서 사용하고 남는 물건들, 자신에겐 없는 물건들을 서로 교환하기 시작했다. 즉, 물건을 물건으로 맞바꾸게 되었는데, 이렇게 물물교환에 쓰인 물건을 물품화폐라고 한다.

그러나 물물교환에는 여러 가지 제약이 따랐다. 시장에서 오리를 닭으로 바꾸려면 먼저 닭을 갖고 있는 사람을 찾아야 했고, 만약 닭을 가진 사람이 소를 원한다면 소를 가진 사람 중에서 오리와 바꾸고 싶어 하는 사람을 찾아야 했다.오리 → 소 → 닭 이처럼 물물교환 시장은, 첫째, 거래시간이 오래 걸렸다. 둘째, 바꾸려던 물건이 변질되면 가치가 떨어진다는 단점이 있었다. 그래서 고기나 과일 등 시간이 지나면 상하기 쉬운 물건은 교환하기 어려웠다. 셋째, 가지고 다니기 힘들었다. 물건이 크거나 무거우면 운반에 어려움이 많았고, 물건을 바꿀 장소가 멀면 그만큼 운반하는 힘과 시간이 많이 들었다. 넷째, 물건의 가치를 따지는 기준이 명확하지 않았다. 예를 들면, 나는 쌀 한 가마와 소 한 마리를 바꾸고 싶은데, 상대방은 쌀 한 가마와 말 한 마리를 바꾸고 싶어 할 때는 교환이 성립되기 어려웠다.

사람들은 이처럼 서로가 원하는 물건의 종류, 물건의 상태, 수량, 또는 운반상의 불편함을 느끼면서 교환에 필요한 중간 매개체를 필요로 하게 되었고, 이런 필요에서 원시화폐가 생겨나게 되었다. 원시화폐로는 중국의 조가비와 포백布帛, 에티오피아의 소금, 남아프리카의 가축, 시베리아의 모피 등이 있었다. 원시화폐는 오늘날의 화폐와 똑같은 기능을 가지면서, 동시에 종교적·의례적儀禮的·장식적인 기능도 함께 가졌다.

금속화폐 이야기: 금속이 어떻게 돈이 될 수 있었을까?

물물교환 시대를 지나 인류는 교환, 지불, 저축의 수단으로 돈을 사용하기 시작했다. 그리고 돈을 사용하면 할수록 '돈을 더 편하게 들고 다닐 수는 없을까?' 하는 돈의 운반성, 휴대성을 고민하게 되었고, 자연스레 더 작고 가벼운 것을 돈의 재료로 찾기 시작하였다. 원시시대부터 사용해오던 작은 돌이나 조개껍데기, 곡물, 베 등이 돈으로 사용된 것도 이러한 이유에서이다.

1) 금속화폐는 물품화폐보다 편리했다

돈으로 물건값 치르기

화폐는 시간이 흐르면서 변화와 발전을 거쳐 교환 가치를 가늠하기 쉬운 재료로 사용되었다. 원시시대 사람들이 사용했던 물품화폐물건는 운반하기 어렵고, 쉽게 변질되기도 했다. 또 상황에 따라 조금씩 떼어 쓰기도 어려웠고, 여기 저기 흔하게 볼 수 있는 물건조개껍데기, 나뭇잎 등일 경우에는 그 가치를 인정하기 어려웠다. 이러한 단점을 해결해 준 것이 금속이다.

금, 은, 구리 같은 금속은 쉽게 변하지도 않고, 휴대가 쉬워 화폐로 사용하기 적합했던 것이다. 시간이 지나면 썩어서 가치가 급락하는 쌀이나 과일 같은 물건과 달리, 금속은 인위적으로 망가트리지 않는 한, 그 형태를 유지하므로 가치 저장에도 효과적이었다. 물품화폐보다 재산 축적에 유리했다는 뜻이다. 이처럼 금속화폐는 내구성이 강해 오래 보관할 수 있고 휴대와 운반이 편리하다는 장점 때문에 널리 사용됐으며, 주조기술이 발달함에 따라 모양이나 재료, 함량이 표준화되면서 다른 나라와의 무역거래에서도 유용하게 쓰이기 시작했다.

2) 금속화폐가 돈이 되기 위해서는 권위가 필요했다

그러나 사람들이 금속화폐를 돈이라고 생각하는 데까지는 오랜 시행착오와 시간이 필요했다. 소금, 쌀, 조개 등과 달리, 금속은 먹거나 마시는 것처럼 일상생활에 즉각 활용할 수가 없었고, 종류나 크기, 무게에 따라 가치를 판단할 만한 근거나 경험도 없었기 때문이다. 그래서 금속이 아무리 번쩍거려도 사람들은 돌멩이와 같은 금속으로 유용한 물건을 바꾼다는 것을 쉽게 이해하기 어려웠다. 게다가 금속을 화폐로 사용했던 초기에는 모양도 제대로 갖춰지지 않아 서로 가치를 비교하기도 어려웠다.

결국 금속은 부와 권력을 가진 자의 힘이나 명성에 의존하여 화폐로서의 가치를 인정받게 되었고, 비로소 지금과 같은 동전 모양의 화폐로 주조되기 시작했다. 그리고 이러한 과정 속에서 화폐를 주조할 수 있는 권한은 왕국가에게 귀속되었고, 국가에서는 별도의 기관을 두어 화폐를 주조하고 유통시키기 시작하였다. 이에 따라 화폐주조세가 별도로 징수됐고, 왕이 금속에 각인한 내용에 따라 화폐의 가격값이 정해지게 되었다.

세계 최초의 동전이라고 할 수 있는 금속화폐는 금과 은을 섞어 콩 모양의 덩어리로 만든 '일렉트럼 코인'이었다. 일렉트럼 코인은 기원전 7세기 초 지금의 터키 지역에 위치해 있던 리디아 왕국의 주화였다.[1] 처음에는 그 가치를 나타내는 표시도 없고 크기와 무게도 일정하지 않았는데, 후에 크기와 모양이 통일되었다. 즉, 동전에 무게와 순도를 나타내는 일정한 그림이 새겨졌는데, 새겨진 그림에 따라 가치가 다르게 매겨졌다. 그리고 리디아 왕의 인장과 문양을 동전에 찍어 가치를 보장했는데, 현대의 동전에도 정부기관의 문양이 들어가 그 가치를 증명해 주고 있다.

3) 금속화폐의 가치도 변한다

그렇다면 돈화폐의 가치는 어떻게 결정되는 걸까? 먼저, 돈의 가치는 크게 두 가지로 나눌 수 있다. 하나는 돈을 물건과 교환할 때 사용되는 가치로, 이를 '명목가치'라고 한다. 다른 말로는 '액면가치'라고도 하는데. 예를 들어 어떤 사람이 100원짜리 은화 1개를 가지고 있다고 가정할 때, 이 '100원'은 돈의 '단위'인 동시에 '이름'이 된다. 이것을 '명목가치'라고 한다.

이번에는 한 사람이 100원짜리 은화 1개를 쓰지 않고, 불로 녹인다고 가정해 보자. 이 은화는 100원 만큼의 정량을 써서 만들었으므로 그 만큼의 은이 나오면 정상이다. 즉, '100원짜리 은화 1개'를 녹여서 얻어진 은을 금방에 가져가면 그 값으로 100원을 받을 수 있는데, 이 은화 1개를 만드는 데 들어간 은의 양을 화폐의 '실질가치'라고 한다.

원시시대부터 사람들은 물건이 흔하면 가치가 떨어지고, 희소하면 오른다는 것을 자연스럽게 터득했던 것 같다. 풍년이 들면 쌀값이 내려가고, 흉년이 들면 쌀값이 오른다는 것을 경험을 통해 알게 되었던 것이다. 반면에 금속화폐는 이런 자연법칙이 적용되지 않을 거라고 여겨졌다. 금과 은이라는 소재 자체의 가치가 흔하지 않고 변하지 않기 때문이었다. 그러나 이러한 생각은 시간이 흐르면서 점차 바뀌게 되었다.

고대 로마인들은 영토 확장을 위한 침략전쟁을 일으켰고, 전쟁에서 승리할 때마다 많은 부를 얻게 되었다. 정복지역에서 많은 양의 금과 은을 로마로 들여올 수 있었다. 그때마다 엄청난

부를 꿈꾸었지만 금과 은을 많이 가져오면 가져올수록 금속화폐^{금화, 은화}의 가격은 폭락하게 되었다. 금과 은을 많이 가지면 더 큰 부자가 될 거라고 생각했는데, 실제로는 물가가 엄청나게 올라서 생활이 더 어렵고 힘들어지게 된 것이다.

이와는 반대로 로마가 영토 확장을 마무리하고 절정기에 도달했을 때에는 금과 은이 귀해져서 값이 폭등하기도 했다. 왕실의 대규모 토목공사 및 사치와 향락을 위한 비용, 각지의 군대를 위한 군수 비용은 끊임없이 지출되어야 했다. 하지만 영토 확장이 한계에 이르고, 약탈해 올 귀금속이나 전리품도 줄어듦에 따라 금속화폐의 값은 급등하고 물건의 가치는 크게 하락하였다. 사람들은 이러한 역사적 경험을 통해 금속화폐의 가치도 얼마든지 변할 수 있다는 사실을 깨닫게 되었다.

Q 궁금합니다!
모두에게 필요한 돈, 많이 찍어 내면 안 될까요?

돈을 너무 많이 찍어 내면 돌고 도는 돈의 양이 많아지고, 그만큼 돈이 너무 흔해져서 돈의 가치가 떨어지게 된다. 예를 들어, 원래는 1,000원으로 과자 2개를 샀는데, 돈이 많아져서 돈의 가치가 떨어지면 1,000원으로 과자를 1개밖에 못 산다는 얘기다. 한 나라의 경제 생산능력이 한계에 도달했을 때 정부가 재정지출을 충당하기 화폐를 과도하게 발행하는 경우가 있다. 이럴 때 화폐의 가치가 급락하고 물가가 급격히 올라 통제불능한 하이퍼 인플레이션(초인플레이션)이 나타나기도 한다. 일례로 2000년대 들어 하이퍼 인플레이션을 겪은 짐바브웨에서는 돈의 가치가 급격히 폭락하자 "돈으로 집 안을 도배하게 해준 무가베 대통령님 감사해요!"라는 광고가 있을 정도였다고 한다. 심지어 2009년에는 돈이 너무 넘쳐나서 100

조 원짜리 화폐가 발행되기도 했는데, 당시 100조 짐바브웨달러의 가치는 우리 돈으로 고작 400원에 불과하여 달걀 3개밖에 살 수 없었다고 한다.

4) 금속화폐의 시뇨리지

화폐를 주조하는 권한이 왕국가과 귀족영주에게 국한되면서 귀금속 함유량을 감소시킨화폐의 소재가치가 액면가치보다 낮은 주화들이 만들어지게 되었다.[2] 그렇게 하면 화폐를 주조할 때마다 액면가에서 실제 금속함유량을 뺀 나머지를 공짜로 얻을 수 있기 때문이다. 이렇게 얻는 이익을 '시뇨리지Seigniorage', 혹은 '화폐주조차익'이라고 한다.

원래 '시뇨리지seigniorage'란 봉건제도 사회에서 화폐주조권자였던 시뇨르seigneur: 영주들이 화폐주조를 대가로 금속의 일부를 수수료처럼 떼어 이득을 보았던 데서 유래했다. 예를 들어, 화폐의뢰인에게 1,000원어치의 금을 받은 영주는 1,000원짜리 금화를 만들어 주는 대가로, 화폐주조비용 및 수수료로 500원어치의 금을 떼고 남은 500원어치의 금만으로 1,000원짜리 금화를 만들었다. 그러면 1,000원짜리 지폐를 주조할 때마다 영주는 500원어치의 금을 얻을 수 있었다.

이러한 일들은 고대 로마 시대부터 시작되었는데, 영국의 헨리 8세도 잦은 전쟁으로 생긴 재정적자를 매우기 위해 고대 로마의 네로 황제가 했던 것처럼 은의 함량을 줄인 은화를 계속 주조하였다. 이로 인해 1543년에는 은 함량이 92.5%였던 은화가

1545년에는 33% 수준까지 떨어지게 되었다. 그러다 보니 사람들은 당연히 은의 함량이 낮은 은화만 사용하고, 순도가 높은 은화는 집에 꼭꼭 숨겨 놓기 시작했다.

이런 현상에 대해 토머스 그레샴Thomas Gresham은 "악화가 양화를 구축한다."라는 유명한 말을 남겼다. 여기서 악화惡貨나 양화良貨의 '화貨'는 '돈'을 의미하므로 "나쁜 돈이 좋은 돈을 몰아낸다."는 뜻이 된다. 이를 일컬어 '그레샴의 법칙Gresham's Law'이라고 한다. 오늘날에는 국가의 중앙은행이 화폐를 발행하여 얻게 되는 이익액면가에서 발행비용을 제외한 차익을 시뇨리지라고 하는데, 미국의 경우 달러가 기축통화인 만큼 전 세계를 대상으로 한 화폐발행권을 통해 막대한 시뇨리지를 얻고 있다.

지폐 이야기: 종이돈은 왜 만들어졌나?

옛날이야기: 종이돈

옛날에 금으로 반지, 목걸이, 황금열쇠, 금송아지 등을 만드는 무명의 금세공업자가 살고 있었다. 하루는 왕비가 금세공업자를 찾아와서 한 가지 부탁을 하였다.

"내 금을 감정해서 그 증명서를 적어 주세요."

이에 금세공업자는 "이 금은 100% 순금임을 증명함. −유명한 세공업자−"라고 증서를 적어 주었다. 그리고 며칠 뒤, 왕비가 금세공업자를 다시 찾아왔다.

"다음 주에 임금님이 오셔서 이 종이를 보여주면 내 금덩어리를 줄 수 있나요?"

이에 금세공업자는 그러겠다고 대답하고 왕비의 금덩어리를 보관하게 되었다.

이윽고 다음 주가 되었고, 왕비의 말대로 임금님이 세공업자를 찾아와서 그 증서를 보여주었다. 증서를 받은 세공업자는 임금님에게 왕비가 맡겨 놓은 금덩어리를 건네주었고, 임금님은 그 세공업자를 자신의 신하로 임명하였다.

"앞으로 우리나라의 금을 그대가 관리하고 증서를 만들어 바쳐라."

그 뒤로 세공업자는 평생 궁전에서 지내며 금을 감정하고 보증서를 만드는 일을 맡게 되었다. 임금님과 신하들은 금 보증서를 이용해서 시장 상인들의 물건을 샀고, 상인들은 언제라도 보증서를 가지고 임금님의 금세공업자를 찾아가면 보증서에 적힌 양만큼 금을 바꿔 갈 수 있었다. 이렇게 해서 금 보증서가 금을 대신하여 쓰이게 되었다고 한다.

금속화폐 이후에는 종이로 만든 화폐, 즉 지폐가 등장하게 되었다. 최초의 지폐가 언제 어디에서 발행됐는가에 대해서는 의견이 분분하지만, 중요한 것은 어떻게 해서 돈이라는 개념이 금속에서 종이로 옮겨지게 되었는가 하는 점이다. 금속화폐는 물품에 비해서 변하거나 보관하기에 편리했지만, 수량이 많아지면 무거워서 휴대하기가 힘들고 불편했다. 그래서 사람들은 자연스럽게 더 가볍고, 휴대하기 편리한 종이를 화폐로 사용하게 된 것이다.

마르코 폴로의 『동방견문록』을 보면, 중국을 여행하다가 중국인들이 금속화폐 대신 종이돈을 사용하는 것을 보고 깜짝 놀랐다는 내용이 소개되어 있다. 마르코 폴로가 중국을 다녀와서 "중국 사람들은 금화대신 종이를 돈으로 사용하더라."라고 했을 때 주위 사람들이 모두 그를 비웃으며 허풍쟁이라고 놀려댔다고 한다. 당시만 해도 유럽인들은 종이가 어떻게 화폐가 될 수 있는지 도무지 이해할 수 없었던 것이다. 그러나 원나라에서는 실제로 종이돈이 '교초'라는 이름으로 사용되었다.

일반적으로 세계 최초의 지폐로서 지위를 인정받는 것은 '콴'이라고 불리는 원나라의 돈이다. 1282년 몽고의 쿠빌라이 칸이 자신의 도장을 찍은 후 재무대신으로 하여금 수결하게 한 후 유통시켰다.[3] 그러나 처음 사용된 지폐는 현재 우리가 사용하는 지폐와는 의미가 약간 달랐다. 위의 옛날이야기처럼 금을 보관했다는 종이 증명서에 불과했던 것이다.

옛날 사람들은 희귀한 귀금속을 직접 관리하는 것이 불편해서 돈을 주고 금장인들에게 귀금속을 맡겼다. 그러면 금장인들은 맡아 둔 귀금속에 대한 보관 증명서를 주인에게 발행했다. 사람들은 귀금속을 직접 주고받는 것보다 보증서로 거래하는 것이 훨씬 편리하다는 것을 인식하게 되었고, 차츰 거래 수단으로 보증서를 많이 이용하게 되었다.[4] 실제로 미국의 돈인 달러도 처음엔 몇 달러를 은행으로 가져오면 몇 그램의 금을 주는 방식으로 사용되었다.

전자화폐 이야기: 돈을 들고 다니지 않을 수 있을까?

신용카드로 물건값 치르기

오늘날에는 정보통신 및 컴퓨터 기술의 발달로 신용카드, 전자 자금이체 등 현금대체 결제수단의 이용이 보편화되었다. 따라서

화폐의 발전 과정과 특징

구 분	시 기	종 류
물품화폐	그 자체로서 가치를 지니고 있으면서 교환의 매개가 가능할 정도의 이동성과 내구성 보유	직물, 곡물, 농기구 등
금속화폐	물품에 비해 적은 양으로도 고유의 가치를 가지면서 보관, 휴대 및 운반 면에서 편리	금화, 은화, 동화 등
명목화폐	화폐의 소재가치가 액면가치보다 낮은 화폐	은행권, 주화, 수표 등
전자화폐	IC칩이 내장된 플라스틱 카드나 PC 등 전자적 매체에 화폐가치를 전자기호로 저장한 화폐	카드형(플라스틱 머니) 네트워크형(카카오페이, 삼성페이 등)

가까운 장래에는 세계적으로 현금 없는 사회Cashless Society가 도래할 것으로 전망된다. 유럽에서 최초로 지폐를 발행한 나라인 스웨덴도 최근에는 핀테크'금융(finance)'과 '기술(technology)'이 결합한 서비스산업의 발전을 기반으로 2030년까지 지폐 없는 나라를 만들기 위해 다양한 정책을 펼치고 있다. 다른 일부 국가에서도 현재 현금을 없애고 전자화폐를 사용하도록 하는 실험이 진행되고 있다.

전자화폐는 온라인 거래가 증가함에 따라 현금을 대신할 새로운 형태의 화폐로 등장했는데, 가장 친숙한 사례가 게임에서 사용하는 포인트 캐시라고 할 수 있다. 게임 포인트는 게임을 하기 위해 직접적인 현금 거래를 하는 대신 현금으로 포인트를 사서 현금처럼 쓸 수 있게 하는 구조이다. 쉽게 말해 일종의 티켓이라 할 수 있다.

전자화폐는 기존의 지폐와 달리 일반인이 위조하기 어려워 한층 높은 보안성을 갖고 있다. 그러나 범죄에 악용되는 경우 기존의 지폐보다 더 큰 문제점을 갖고 있기도 하다. 지폐는 종이로 만들기 때문에 그 설비와 화폐용지, 잉크, 돈 냄새가 나도록 하는 재료 등이 유출될 경우 바로 추적/차단이 가능한 반면, 전자화폐는 전산상으로 데이터가 존재하므로 해킹을 당할 경우 데이터가 급속도로 뒤바뀔 수 있다는 문제가 있다. 어쨌든 전자화폐를 활용하면 귀찮게 지폐를 들고 다니지 않을 수 있고, 고액지폐를 분실할 위험도 없다. 또한 위조지폐 문제도 해결할 수 있게 됐다.

2. 돈에 대한 믿음 vs 돈에 대한 생각

돈은 인류가 만들어 낸 발명품 가운데 단연 최고의 발명품이라고 할 수 있다. 돈은 우리의 삶에서 떼려야 뗄 수 없을 정도로 유용하게 쓰이기 때문이다. 한 번 돈이 없는 사회를 상상해 보라. 생각만 해도 눈앞이 깜깜하고 머리가 복잡해질 것이다. 그만큼 돈이 우리의 삶을 편리하고 윤택하게 만들어 왔다는 뜻이다. 그래서 굳이 가르쳐 주지 않아도 돈이 얼마나 좋은 것이고, 중요한 것인가에 대해서는 어린아이라도 잘 알고 있을 정도다.

그러나 돈을 좋아하는 것과 돈을 제대로 이해하는 것은 전혀 다른 문제이다. 우리는 돈이 좋은 걸 알고, 평생 돈을 좇아 살면서도 돈에 대해 진지하게 생각해 보거나, 올바르게 가르침을 받아 본 일이 거의 없다. 다시 말해 돈이 작동하는 원리나 방식에 대해 잘 알고 있는 사람들이 의외로 많지 않다는 이야기이다.

돈에 대한 고정관념

"손님, 결제는 어떻게 하시겠습니까?" 2017년 기준 현금으로 결제할 것인지, 카드로 결제할 것인지를 묻는 이 질문에 대해 과거에는 "돌이요.", "조개요.", "쌀 한 자루요."라고 대답하던 시대가 있었다. 당시에는 전혀 아무렇지도 않았을 대답이었겠지만, 오늘날 중국집에서 자장면 값을 '조개 하나'로 지불한다면, 완전히 정신 나간 사람으로 취급받게 될 것이다. 그런데 만약 비트코인이나 이더리움으로 결제를 하겠다고 한다면, 어떤 반응을 얻게 될까? 암호화폐를 알고 있는 점주라면 환영할 수도 있겠지만, 모르는 점주라면 고개를 갸우뚱하며 결국엔 거절하고 말 것이다. 그렇다면 지금 쓰이는 화폐도 미래에는 더 이상 소용없는 화폐가 되는 건 아닐까?

돈의 모습은 역사 속에서 물품 → 금속 → 종이 → 전자화폐 등으로 계속해서 변모했다. 이는 시대에 따라 돈의 역할을 수행하는 데 보다 좋은 소재로 선택, 발전된 결과이다. 한편으로는 소재에 대한 신용을 부여하는 과정이라고 말할 수 있다. 즉, 돈이란 그 소재 자체로서 절대적인 가치가 있는 것이 아니라, 그 소재가 돈의 역할을 얼마나 잘 수행할 수 있는지 경험을 통해 사람들의 생각을 변화시킨 결과라 하겠다.

이제 우리는 미래를 준비하기 위한 고민으로서 돈에 대해 질문을 던져 보아야 한다. 21세기에 필요한 돈의 형태는 어떤 모습일까? 어떤 소재가 사용될 것이며, 어떤 기능과 요건이 더 필요한가에 대해 답할 수 있도록 생각해 보자.

돈은 믿는 걸까? 생각해야 하는 걸까?

지금까지 돈의 역사에 대해 살펴본 바, 미래의 지불수단은 과연 어떤 모습일지, 어떻게 우리의 생각을 깨뜨릴지 궁금하지 않을 수 없다. 그런데 여기서 잠깐 짚고 넘어가야 할 것이 있다. 처음엔 조개껍데기였던 화폐가 금속과 종이를 거쳐, 이제는 신용카드나 인터넷을 활용한 전자화폐로 진화했다. 그렇다면 화폐의 발달은 단순히 소재재료의 변화에 불과했단 말인가?

지금의 돈은 그 자체로 가치가 있다기보다 사람들 사이에서 그 값어치가 인정되어 가치가 부여된 것이라고 할 수 있다. 즉, 돈은 그 소재가 무엇인가에 상관없이, "가치가 있다.", "가치가 없다."라는 사람들의 인식에 의해 정해진 교환의 매개수단일 뿐이다. 그렇다면 옛날 사람들은 돈을 어떻게 인식해 왔는지 아래의 글을 잠시 살펴보도록 하자.

옛날이야기: 재수가 있으면 운수가 대통한다.

옛날부터 돈이 생기는 운수를 '재수財數'라고 했다. 생각지도 않게 돈이 생기는 것만큼 좋은 일이 없고, 생각지도 않게 돈이 없어지는 것만큼 나쁜 일도 없을 것이다. 그래서 사람들은 돈이 생기거나 좋은 일이 생기면 "재수가 좋다."라고 말하고, 반대로 돈이 없어지게 되거나 나쁜 일이 생기면 "재수가 없다." 혹은 "재수 옴 붙었다." 라고 말하는 것이다.

한편, 사람들은 재수를 운수라고 생각해서 점을 쳐서 알아내려고도 하고, 신앙 행위를 통해 얻으려고도 한다. 무속의 굿에 '재수굿'이 있고, 불교에서도 '재수발원'이나 '재수불공'이란 것이 있다. 재수굿은 원래 집안의 안녕과 재복을 위해 행해지던 굿인데, 근래

에는 사업 재수굿이라고 하여 사업을 새로 시작하는 사람들이 대박을 기원하는 마음으로 굿상에 돼지머리를 놓고 재수를 상징하는 돈을 돼지 입에 물려 이 굿을 하기도 한다.

또 장사하는 사람들은 현재까지도 재수를 중요하게 여겨 재수에 관한 속신을 지키기도 한다. 아침에 장사를 시작할 때 첫 손님이 물건을 사는 것을 마수라고 하는데, 상인들은 마수를 잘 해야 하루 동안 재수가 좋다고 믿는다. 그래서 첫 손님이 흥정을 하다가 만든다가 에누리를 하면 마수를 잘못한 것으로 여겨 불쾌하게 생각한다. 그리고 마수를 하여 받은 돈에는 침을 뱉는데, 이는 돈이 더럽다고 하면서도 돈이 많이 벌리도록 기원하는 동작이라고 한다.

옛날 사람들은 돈이라는 것을 사람의 노력으로 얻어지는 것 이상으로 인식했다. 그래서 점을 치거나 구복 신앙을 통해 재물을 얻으려고 했던 것이다. 사실, 지금도 돈을 믿음의 대상이라고 여기는 사람들이 있다. 최근 암호화폐 투자와 관련된 책을 쓴 어떤 저자는 "돈은 믿음이며, 사람들이 돈을 돈이라고 믿지 않으면 더 이상 돈이 아니다."라고 했다. 또한 그는 비트코인에 대한 사람들의 과거 행적을 근거로 '안다 → 믿는다 → 산다'라는 공식을 제시했다. 즉, 많은 사람들이 비트코인을 알기 시작하고 그 가치를 믿으면 비트코인을 구매하기 때문에 가격이 상승한다고 주장하는 것이다.

그런데 과연 돈이 믿음의 대상이 될 수 있을까? 사람들이 정말로 돈을 믿었다면 화폐가 바뀔 때마다 새로운 화폐에 대해서도 가치를 쉽게 인정했을 것이다. 그러나 화폐를 물건에서 금속으로 대체할 때도, 금속에서 종이로 대체할 때도 사람들은 새로

운 화폐에 적응하기까지 많은 시행착오와 오랜 시간을 소비해야
했다. 그 기간 동안 대단히 혼란스러워하고, 의심을 통해 생각을
바꾸어 나간 것이다. 어떤 매체로 해야 가장 효율성이 높은지 경
험도 하고, 과학적 원리를 통해 판단하는 시간도 필요했던 것이
다. 그렇게 오랜 세월을 두고 이것도 써 보고 저것도 써 보고, 다
양한 형태로 모방도 하면서 적합한 화폐를 생각해 낸 것이다. 따
라서 돈이 아무리 좋다고 해도 돈은 믿음의 대상이 아니라 교환
을 위한 수단일 뿐이며, 사람들의 필요에 의해 만들어진 발명품
이라고 보는 게 더 적절하다. 돈은 사람들이 살아가는 데 매우
중요한 매개 수단임엔 분명하지만, 그 가치를 검증하고 결정하
는 것은 결국 사람의 '생각'이라는 것을 잊지 말아야 한다.

Question : 생각 바꾸기!

어떤 **생각**을 하고 어떤 **발상**을 하느냐가
성공과 실패를 가르는 잣대가 된다.

어느 신발 회사에서 A와 B 두 명의 판매원을 아프리카에 보냈다.
아프리카를 둘러본 A 판매원이 먼저 회사에 전보를 쳤다.

*"이곳 사람들은 신발을 신지 않기 때문에 신발을 절대 팔 수 없음.
즉시 귀국하겠음."*

이어서 B 판매원 역시 회사에 전보를 쳤다.
*"이곳엔 신발을 신은 사람이 하나도 없음. 모든 사람에게 신발이 필요함.
대량 운송 요망!!!"*

　당신이 만약 위 신발 회사의 판매원이었다면 아프리카를 둘러
보고 어떤 대답을 했을까? 아마 대부분의 경우는 A 판매원처럼
아프리카에서는 신발을 파는 것이 불가능하다고 말했을 것이다.
수세기 동안 신발 없이 잘 지내온 부족민들에게 이제 와서 신발
을 사라고 설득하는 건 그야말로 '무모한 도전'일 게 뻔하기 때
문이다. 그러나 B처럼 생각을 바꾸면 불가능한 일이 가능한 일
로 보이고, 위기가 기회로 보일 수도 있다. 문제는 생각을 바꾸
는 것이 그렇게 쉬운 것은 아니라는 것이다.

과거 우리의 교육은 동화 속에 나오는 개미처럼 무조건 부지런히, 열심히 사는 것만이 성공의 비결이라는 인식을 심어 주었다. 그 결과, 현재 우리는 열심히 사는 것이 미덕이라고 생각하며 산다. 우리는 과연 미래 사회에서도 개미처럼 열심히만 일하면 누구나 잘 살 수 있을까? 미래의 삶이 변화되는 것처럼, 생각도 변해야 할 텐데 생각을 바꾸는 것이 결코 쉽지 않다. 이 시점에서 우리는 개미와 다른 거미의 삶을 비교해 볼 필요가 있다.

　온종일 꼼짝 않고 거미줄에 앉아 있는 거미의 모습은 개미에 비해 분명 게으르고 답답해 보일 수 있다. 그러나 거미는 확실한 일에 확신을 가지고 때를 기다리는 것일 뿐, 결코 게으른 게 아니다. 먹잇감이 잘 다니는 위치에 한번 걸려들면 절대로 빠져나갈 수 없는 투명한 그물을 쳐 놓았으니, 거미가 할 일은 가만히 앉아 먹잇감이 걸려들기만을 기다리면 되는 것이다. 그런 의미에서 쉬지 않고 일만 하는 개미의 삶보다 거미의 삶이 훨씬 더 지혜롭고 현명하다고 할 수 있다.

　인터넷의 'www'는 'world wide web'의 약자로, 세계를 잇는 거미줄이라는 뜻이다. 이제 몸을 혹사시키며 부지런히 살아야만 했던 개미의 시대는 지나가고, 은빛 거미줄 위에서 스마트하고 여유 있게 생존전략을 펼치는 거미의 시대가 다가왔다. 돈에 대한 시각도 과거의 개념에서 탈피하여 새롭게 접근하는 것이 미래 사회에서 우리가 거미처럼 살 수 있는 한 가지 답안이 될 것이다. 미래에도 돈은 꼭 필요할 텐데, 그 돈이 어떻게 생겼고, 그것을 어떻게 벌어야하는지 생각을 바꾸어야 할 때가 왔다.

2부 암호화폐 이해하기

　요즘 인터넷 기사나 TV 뉴스를 보면 '가상화폐'에 관한 이야기가 자주 등장한다. 가상화폐는 종종 '전자화폐' 또는 '암호화폐'라고도 불리는데, 가상화폐가 대체 무엇이기에 최근 들어 왜 유독 이슈가 되는 걸까?

　가상화폐란 쉽게 말해 가상공간에 존재하는 화폐(돈)를 말한다. 그래서 대부분의 사람들이 가상화폐라는 명칭으로 알고 있지만, 영어로는 'crypto currency'라고 하여 '암호화폐'라고 말하는 것이 더 정확하고 본질적인 뜻에 가깝다고 할 수 있다. 더구나 가상화폐는 공간에 중점을 둔 명칭으로, 허상이라는 부정적 의미가 내포된다. 따라서 이 책에서는 본질적 의미가 강한 '암호화폐'라는 명칭을 사용하고, 암호화폐의 특성 및 암호화폐가 미래 사회와 어떤 관계가 있는지에 대해 알아보도록 하겠다.

4장
암호화폐 & 비트코인

암호화폐는 동전이나 지폐와는 다르게 실체가 없는, 온라인상에만 존재하는 화폐를 말한다. 그런데 최근에는 온라인상에서뿐 아니라 현실에서도 물건을 사고 서비스를 이용하는 데 사용이 가능한 암호화폐들이 등장하고 있다. 어떻게 이런 현상이 일어나게 되었을까? 이 장에서는 어느새 우리의 삶에 현금처럼 사용되고 있는 암호화폐가 무엇인지 최초의 암호화폐인 비트코인을 중심으로 알아보도록 하겠다.

1. 암호화폐 이야기

인류는 오랜 역사를 통해 다양한 종류의 화폐를 만들어 사용하였다. 물품 자체를 화폐로 사용하던 시대를 지나 금속화폐와 지폐를 사용하기도 하는 등, 실로 다양한 도구들을 화폐로 활용하였다. 그리고 오늘날에는 디지털 기술의 발전에 힘입어 전자화폐, 가상화폐, 암호화폐라는 이름으로 더욱 새로운 형태의 화폐를 사용하기에 이르렀다.

가상화폐의 진짜 이름, 암호화폐

현재 우리가 흔히 부르고 있는 '가상화폐'에 대해서는 사실 명확한 정의가 따로 없다. 다만 비트코인 전문 서적인 『비트코인 매거진Bitcoin Magazine』에 관련 용어들을 비교한 것이 있는데, 그 내용을 소개하면 다음과 같다.

> ### 전자화폐 vs 가상화폐
>
> '가상Virtual'이라는 용어와 '디지털Digital'이라는 용어가 잘못 사용되고 있으며, 사람들은 종종 혼란스러워 한다. 실제로 가상화폐 Virtual Currency는 전자화폐Digital Currency의 한 유형을 의미한다. 그러나 모든 가상화폐가 전자화폐인 것은 맞지만, 전자화폐가 모두 가상화폐인 것은 아니다. 비트코인Bitcoin과 같은 암호화폐Crypto currencies는 또 다른 종류의 전자화폐이지만, 가상공간과는 별도의 범주에 속한다.

여기서 앤드류 바그너Andrew Wagner는 전자화폐와 가상화폐의 의미를 구분하여 사용해야 한다고 말한다. 즉, 전자화폐Digital Currency 중 소수가 가상화폐Virtual Currency이며, 비트코인과 같은 화폐들은 전자 암호화폐Digital Cryptocurrency이기 때문에 일반적으로 불리는 가상화폐와 구분된다는 것이다.

정확하게 살펴보면, 전자화폐는 컴퓨터 또는 전자매체상에 존재하는 정보DATA이며, 존재하는 방식에 따라 집적회로IC칩이 내장된 '플라스틱 카드형'과 컴퓨터 연결망 등에서 제한적으로 사용하는 '네트워크형'으로 구분해 볼 수 있다. 예를 들어, '플라스틱 카드형' 전자화폐로는 은행계좌와 연계하여 사용하는 체크카드, 신용카드 등이 해당되고, '네트워크형' 전자화폐로는 모바일스마트폰을 활용한 결제서비스 시스템에 사용되는 네이버 페이, 삼성 페이 등이 해당된다.

가상화폐는 컴퓨터 연결망사이버 공간에 한정되어 정보DATA 형태로 존재하며, 실물 없이 네트워크상에서 제한적으로 사용된다. 따라서 가상화폐는 전자화폐의 일종으로, 좀 더 정확히 말하자면 네트워크형 전자화폐라고 할 수 있다. 가상화폐의 가장 큰특징은 정부나 중앙은행이 발행하는 일반 화폐와 비슷하게 처음고안한 사람이 정한 규칙에 따라 가치가 매겨지고, 발행량도 조절할 수 있다는 점이다. 그리고 실제 화폐와 교환될 수 있다는것을 전제로 하여 쓰인다.

사실 우리 주위에서 가상화폐의 예는 매우 쉽게 발견할 수 있다. 인터넷 포털 운영업체마다 가상화폐를 만들어 유통시켰기때문인데, 싸이월드의 '도토리'나 네이버의 '네이버 캐시', 페이스북의 '페이스북 크레딧', 카카오의 '초코'가 바로 그러한 예에해당된다. 이밖에도 최근에는 서비스 업체 이름 뒤에 흔히 '캐시' 또는 '페이'라는 이름을 붙인 가상화폐가 많이 쓰이고 있다.

한편 암호화폐는 중앙은행이 발행하고 정부가 보증하는 일반

화폐와 다르며, 개발자의 규칙을 따르는 가상화폐와도 다르다. **기술을 활용한 전자화폐의 일종으로, 네트워크상에서 활용하는 가상화폐의 일종이라고도 할 수 있다. 가장 차별화된 특징이라면 이중지불을 방지할 수 있는 블록체인 기술을 활용한다는 점**이다. 즉, 블록체인이라는 암호화된 기술을 적용하기 때문에 위변조가 불가능하여 다른 전자화폐나 가상화폐들보다 안전하다는 뜻이다.

블록체인이란?

전자화폐 시스템에 사용되는 핵심적인 암호화 기술로, '공공 거래장부'라고도 불린다. 은행 등 기존의 금융권에서 거래장부를 서버에 저장하여 철저한 보안 프로그램으로 관리하는 것과 달리 거래 당사자들이 거래장부를 함께 관리하도록 한다. 즉, 컴퓨터를 통해 네트워크에 연결된 이용자들의 거래내역이 10분에 1번씩 갱신되어 공유되는 기술이다. 이때 10분마다 새롭게 만들어지는 거래내역 묶음을 '블록block'이라고 하고, 블록이 모인 거래장부 전체를 가리켜 블록체인이라고 한다. 따라서 블록체인 기술을 적용하면 전자화폐를 함부로 복제하거나 이중지불할 위험이 없어지게 된다. 자세한 내용은 6장을 참조하기 바란다.

보통 암호화폐를 싸이월드의 도토리나 리니지의 아데나 같은 가상화폐와 비교하여 설명하기도 하는데, 도토리나 아데나 등은 중앙서버 데이터베이스에 명령어 한 줄만 넣으면 언제든 무한정으로 만들어 낼 수 있다. 중앙서버에서 최고 관리자 권한으로 모든 것이 통제가 가능하기 때문이다. 그러나 암호화폐는 중앙에 집중되어 통제받지 않고, 분산된 상태로 존재하기 때문에 독점

을 허용하지 않는다. 또한 암호화폐는 제한적인 발행과 희소성을 가지므로 코인시장에서 주식처럼 거래할 수도 있다. 그래서 '도토리'나 '캐시' 같은 가상화폐들은 화폐의 가치가 늘어나거나 줄어들지 않는 반면, 암호화폐는 수요와 공급에 따라 가격이 변동된다.

바로 이러한 특징 때문에 암호화폐는 그 자체로 재테크가 가능하여 자산으로 활용할 수도 있다. 현재 암호화폐는 사용 초기 단계라는 점에서 거래에 따른 환율로 시세가 변동되지만, 주식과 달리 특별한 규제를 받지는 않는다. 특히 국경도 없고 빠른 속도로 생성되기도 하고 소멸되기도 하기 때문에 정부에서 규제를 하는 것도 쉽지 않은 상황이다.

전자화폐와 암호화폐 차이점

전자화폐	암호화폐
간편한 모바일 결제 서비스 은행계좌와 연계되어 사용 현금과 1:1 비율로 교환 EX1) 플라스틱 카드형 : 신용카드, 직불카드 EX2) 네트워크형 : 카카오페이, 삼성페이	지폐나 동전과 달리 물리적인 형태가 없는 온라인 암호화폐 환율처럼 시세가 변동 암호화폐 자체로 재테크 가능 EX) 비트코인, 이더리움

사실 암호화폐는 학문적으로 아직까지 정확한 용어로 합의되지 못하고 있으며, 경제 분야에서 보통 '가상화폐'라는 명칭으로 불리고 있다. 세계적으로 통용되는 명칭은 '**크립토커런시** Cryptocurrency'인데, 이 단어가 의미상으로는 가장 정확한 용어이다. 따라서 이 책에서는 '**암호화폐**'라는 정식 명칭으로 사용하도록 하겠다.

> **미래 화폐의 용어 정리**[1]
> •가상화폐: 컴퓨터 등에 정보 형태로 남아 실물 없이 사이버상으로만 거래되는 전자화폐의 일종.
> •전자화폐: IC칩이 내장된 카드나 공중정보통신망과 연결된 PC 등의 전자기기에 전자기호 형태로 화폐적 가치를 저장하였다가 상품 등의 구매에 사용할 수 있도록 하는 전자 지급 수단.
> •암호화폐: 암호를 사용하여 새로운 코인을 생성하거나 거래를 안전하게 진행할 수 있도록 매개하는 화폐. 가상화폐의 일종. 2009년 최초의 암호화폐인 비트코인이 출현. 이후 이더리움, 라이트코인, 리플, 대시, 보스코인 등 수많은 암호화폐가 등장.

암호화폐의 장점

1) 저비용

암호화폐는 분산된 네트워크 참여자들의 컴퓨터에서 발행되기 때문에 생산비용_{제작비용}이 거의 들지 않는다. 이체, 환전할 때도 매우 적은 금액으로 거래가 가능하다. 국내뿐 아니라 해외로 보내고 받을 때에도 매우 저렴한 비용으로 처리가 가능하다. 한국에서 미국, 또는 다른 나라로 송금을 할 때 지불해야 할 은행 수수료가 거의 없다는 뜻이다. 또 컴퓨터 하드디스크 등에 저장되기 때문에 보관비용이 따로 들지 않는다.

2) 편리성

은행이나 다른 정부기관의 통제를 받지 않고, 당사자 간의 직접적인 거래가 이루어지기 때문에 해외 거래도 정부의 규제 없이 자유롭게 할 수 있다. 거래 방식 또한 간단하여, 인터넷 또는 휴대폰만 있으면 언제 어디서든 이용 및 거래가 가능하다.

3) 보안성

암호화폐는 블록체인 암호화 알고리즘을 적용한다. 즉, 위변조가 불가능한 기술을 활용하기 때문에 해킹의 위험을 원천적으로 차단할 수 있다. 또한 P2P인터넷에서 사용자끼리 데이터를 직접 주고받는 것 기반의 분산 데이터베이스에 의해 교환이 이루어지며, 공개키 및 개인키를 활용한 암호 방식을 기반으로 화폐를 보관할 수 있다. 또한 화폐의 거래내역을 투명하게 공개하기 때문에 보안성은 물론 투명성도 높다는 장점이 있다.

이상으로 암호화폐의 장점을 대략적으로나마 소개하였다. 컴퓨터 기술용어 등 전문적인 표현으로 인해 설명이 다소 어렵게 느껴졌을 수도 있을 것이다. 좀 더 쉬운 말로 암호화폐를 요약하면 다음과 같다.

1. 암호화폐는 가상화폐의 일종으로, 사이버상에 존재하는 돈으로서 은행이 아닌 온라인에 있는 여러 시장(거래소)을 통해 구입, 판매가 가능하다.
2. 직접 채굴(마이닝)을 통해서도 획득할 수 있다.
3. 돈의 입출금이나 송금 등에서 은행보다 낮은 수수료로 빠르게 24시간 이용이 가능하다.

생활 속에 활용되는 암호화폐

암호화폐에 대한 개념 정리는 이쯤에서 갈무리하고, 이제부터는 암호화폐를 실제로 어떻게 활용할 수 있는지 자세히 알아보겠다. 먼저 언론에 보도된 자료를 통해 암호화폐의 이용 사례를 몇 가지 확인해 보자.

〈기자〉: 서울 시내의 한 음식점. 스마트폰을 단말기에 대고 가상화폐로 음식 값을 계산하는 사람들이 종종 있습니다.
〈김용구/가상화폐 결제 음식점 업주〉: (결제과정이) 궁금하신 분들이 와서 좀 (결제)하시는 편인데, 일주일에 한 분 정도는 와서 결제를 하시는 것 같아요.

※ 출처: SBS 뉴스, 2017.09.07.(목)

'서울신문 **전자화폐 비트코인 · 이더리움, 의료업계에도 들어서나**

온라인 가상화폐(디지털 통화)가 인기를 끌며, 전자화폐를 지급결제 수단으로 실생활에서 이용할 수 있는 점포 수도 점차 늘어나는 추세. 서울 은평구에 위치한 연세알찬정형외과는 지난달 25일부터 내원한 환자가 비트코인과 이더리움으로 병원비를 결제할 수 있는 시스템을 도입했다. 〈중략〉

연세알찬정형외과 측은 암호화폐들은 고도의 슈퍼컴퓨터를 이용해야만 풀 수 있는 암호로 단단히 보호된 화폐이기 때문에 해킹에 안전하다는 입장이다. 이미 일본에서는 지난 4월 비트코인을 합법적인 정식 결제수단으로 인정하는 법안이 통과되었고, 러시아의 블라디미르 푸틴 대통령이 이더리움의 개발자인 비탈릭 부테린과 1:1로 회동하며 암호화폐에 대한 국제적인 인지도와 정식 결제 수단으로 인정하는 국가들이 많아지고 있다.

※ 출처: 서울신문, 2017.06.13일자

[글로벌마켓분석-일본] LP가스판매회사 미츠와산업,

"가스요금도 비트코인 결제 가능"

글로벌경제신문 일본 미츠와산업(三ツ輪産業)이 전기요금에 이어 가스요금까지 비트코인 결제를 허용하기로 했다. 6일 니혼게이자이신문(日本経済新聞)에 따르면 LP가스판매회사 미츠와산업은 오는12월까지 비트코인으로 가스요금을 지불할 수 있는 서비스를 제공할 예정인 것으로 알려졌다. 이에 앞서 마츠와산업은 작년 11월 가정용 전기요금을 비트코인으로 결제하도록 허용한 바 있다. 이번에 가스요금까지 비트코인 결제서비스를 제공하면서 이 기업은 업계 최초로 비트코인으로 전기·가스요금 결제를 허용하는 회사가 됐다. 마츠와산업의 자회사이자 요금징수 시스템 운영을 담당하고 있는 이넷워크시스템 오이카와 히로시 사장은 "전기요금에 이어 비트코인으로 가스요금을 결제하고 싶다는 고객의 요청이 쇄도했다."며 "이에 이 서비스를 제공하기로 결정했다."고 말했다. 이어 그는 "가스요금 비트코인 결제서비스는 가상화폐거래소 코인체크에서 이용 가능하다."며 "신용카드보다 비트코인 거래 수수료가 더 저렴하기 때문에 이 서비스를 이용하는 고객의 수가 증가할 것으로 예상된다."고 덧붙였다.

※ 출처: 글로벌경제신문, 2017.09.06일자

2009년 암호화폐가 만들어진 이후, 현재 직접적인 결제가 가능한 암호화폐는 비트코인이다. 전 세계적으로 비트코인을 받는 곳은 http://coinmap.org에 접속하여 확인할 수 있다. 이 사이트에 접속하면 비트코인으로 거래가 가능한 상점의 이름과 위치가 아래와 같이 지도 위에 표시된다.

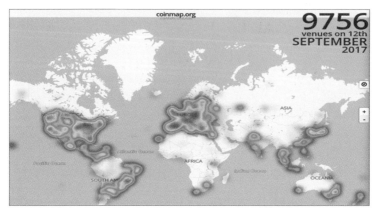

※출처: http://coinmap.org

2017년 9월 기준, 세계적으로 암호화폐 비트코인을 통한 거래가 가능한 곳은 9,756개의 점포로, 위 그림과 같이 주로 미국과 유럽 등에 분포돼 있다. 우리나라에서 비트코인을 취급하는 상점의 현황은 8월을 기준으로 90여 개로 파악되었다. 일본의 경우는 암호화폐 결제방식이 점차 보편화되는 추세로, 일본 거래소 '코인체크'에 따르면 일본에서 암호화폐로 결제 가능한 점포는 2017년 기준 4,200여 개로 지난해에 비해 4.5배나 급증했다. 유명 백화점 브랜드인 마루이에서도 젊은 층을 겨냥해 비트코인 결제 시스템을 도입할 정도로 일본에서는 암호화폐 결제가 빠른 속도로 대중화되고 있다. 코인맵을 통해 우리나라와 일본의 비트코인 결제가능 상점을 확인하면 다음의 사진과 같다.

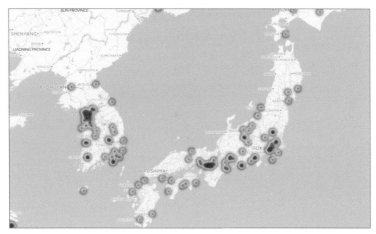

※출처: http://coinmap.org

2. 비트코인 이야기

비트코인은 2008년 미국에서부터 시작된 글로벌 금융위기를 배경으로 나카모토 사토시라는 사람에 의해 만들어진 세계 최초의 암호화폐다. 혹자는 사토시라는 인물에 대해 호주에 사는 컴퓨터 프로그래머라고 말하기도 하지만, 아직 어떤 사람인지는 정확히 알려지지 않았다. 어쨌든 사토시가 창안한 미래 화폐, 비트코인의 핵심은 정부와 중앙은행 등의 중앙집권적인 통제 없이 작동한다는 점, 최초의 암호화된 전자화폐라는 점에 있다. 이밖에 비트코인이 어떤 화폐이기에 최근 들어 가장 뜨거운 관심을 받고 있는지 본격적으로 비트코인에 관한 이야기를 시작해 보겠다.

나카모토 사토시: 비트코인의 창시자

2008년 10월 31일, 나카모토 사토시^{가명}라는 사람이 「Bitcoin: A Peer-to-Peer Electronic Cash System」이라는 논문을 발표하였다. 곧이어 이 논문은 오픈소스 프로젝트로 등록되어 소스코드가 모두 공개되었고, 이듬해인 2009년 1월 비트코인 블록체인이라는 것이 가상공간에서 구현되었다. 이것이 바로 최초의 암호화폐인 비트코인의 탄생 실화다. 비트코인은 2010년에 법정화폐와 실제로 교환되면서 현실의 화폐로 인식되기 시작하였다. 그런데 나카모토 사토시라는 사람은 왜 비트코인이라는 암호화폐를 만들게 되었을까?

비트코인 탄생 배경

우리는 중앙은행이 우리의 화폐 가치를 지켜줄 것이라고 믿지만 신용 화폐의 역사는 그런 믿음에 대한 배신의 연속이었다.

우리는 은행이 우리의 돈을 잘 보관해줄 것이라고 믿지만, 은행은 지극히 낮은 준비금만 남기고 신용버블을 일으킬 정도로 대출을 해왔다.

은행은 우리의 돈을 지켜주지 않는다

사람들이 은행에 돈을 맡기는 이유는 자신이 직접 관리하는 것보다 훨씬 편리하고 안전하다고 생각하기 때문이다. 원래 은행이 생겨난 유래도 믿을 수 있는 사람에게 돈이나 금을 맡기고 보관증서를 받은 데 있다. 실제로 금화나 지폐는 보관하거나 들고 다니기가 매우 번거롭고 위험하지만, 은행에 맡기면 보관도 편리하고 안전할 뿐 아니라 시간이 지나면 이자도 받을 수 있다는 장점이 있다.

그런데 은행은 돈을 보관하는 역할에서 더 나아가 거래 당사자를 보증해 주는 역할도 한다. 우리가 돈을 사용할 때, 은행과 신용카드 회사는 보증인으로 입회하여눈에 보이지는 않지만 금융거래가 안전하게 성사되도록 보증해 주는 것이다. 은행은 이렇듯 편리함과 안전을 제공하고, 보증인의 역할까지 함으로써 사람들의 돈을 점점 더 많이 자신의 금고에 쌓을 수 있었다.

한편, 은행은 고객들이 인출을 요구할 경우에 대비하여 반드시 전체 예금액의 일정한 비율을 중앙은행에 적립해 놓아야 하는데, 이를 지급준비율 제도라고 한다. 언뜻 보면 고객의 인출을 보장하기 위한 좋은 제도 같지만, 역으로 보면 전혀 그렇지 않다. 지급준비율을 제외한 예치금의 나머지는 은행이 어떻게 사용하든 법적으로 아무런 제재를 받지 않는다는 뜻이기 때문이다.

예컨대 지급준비율이 10%일 때, 은행은 모든 사람들이 한꺼번에 보관증을 제출하고 자신의 돈을 인출하지 않는 한, 나머지 90%에 대해서는 대출을 해주거나 금융상품에 투자할 수 있는 기회를 얻게 된다. 즉, 고객이 맡긴 어마어마한 돈을 이용하여 돈놀이수익활동를 할 수 있게 되는 것이다. 여기서 은행이 투자활동을 함으로써 시중에 유통되는 90%는 새로운 화폐를 발행하는 것과 동일하게 통화량의 증가를 가져온다. 흥미로운 점은 처음에 대출된 이 90%가 이용자들에 의해 돌고 돌아 다시 은행에 예금으로 예치되고, 이 금액의 90%는 또다시 은행의 종잣돈이 되어 시중에 대출된다는 것이다.

이러한 과정이 반복되면 통화량은 계속해서 늘어나게 되어, 지급준비율이 10%라고 할 때 통화량은 이론적으로 10배에 이르게 된다. 예를 들어 1조 원의 예금은 지급준비율 제도를 통해 9조 원의 추가 통화량을 창출한다. 따라서 지급준비율 제도는 은행이 고객의 돈을 종잣돈 삼아 돈놀이를 하도록 합법적으로 보장하는 제도라고 할 수 있다.

그런 의미에서 현대 은행의 운영 목적은 고객의 돈을 잘 보관하고 이자를 지급해서 자산을 늘려주는 데 있지 않다. 은행이 돈을 굴려 수익을 창출하는 것을 정당한 영업 행위로 인정받기 때문에 은행의 자산을 확대하기 위한 목적으로 운영되는 셈이다. 편의와 안전을 제공하면서 예금자들에게 그 비용을 받는 것이 아니라, 거꾸로 이자를 주면서 예금을 유치하고 이를 기반으로 대출과 투자행위를 통해 엄청난 수익을 만들어 내는 것이다. 한마디로 은행이 종잣돈으로 사용하는 고객의 예치금은 무에서 창조된 사업 밑천인 셈인데, 그에 따른 대출 이자나 통화량 증가로 인한 물가상승은 고스란히 국민들이 감당해야 할 몫으로 돌아온다.

이와 같이 중앙은행 중심의 법정화폐 제도는 정부와 사회의 요구에 따라 화폐를 마음대로 발행하거나 빌려주는 대출영업을 할 수 있다. 문제는 이런 행위가 사회적으로는 인플레이션을 유발하고 예금의 안정성을 저해시켜 가계 부채를 늘리고 개인들을 채무자로 만든다는 점이다. 그리고 금융기관 간 얽히고설킨 투기적인 파생금융 상품들은 국민들의 고통과 불확실성을 더욱 악화시키게 된다.

결국 은행은 돈을 벌기 위해서 함부로 예금자들의 돈을 빌려주면서 사회를 혼란스럽게 하고 예금자들의 자산을 하락시키는 역할을 한다. 더 심각한 것은 개인과 사회는 물론, 다른 국가에도 영향을 미친다는 것이다. 실례를 들면 미국에서는 2007년 말 많은 은행들이 집을 담보로 하여 신용등급이 낮은 사람들에게도 무분별하게 대출을 해주어 수많은 채무자를 양산했다. 게다가 돈을 빌려서 산 집값이 급격히 떨어지자 대부분의 채무자들이 집을 팔아도 대출금을 갚을 수 없게 되었고, 국가에서는 금리를 대폭 올려 저소득층의 이자부담이 커지게 되었다.

결국 대출을 받은 사람들은 은행이나 대출 회사에서 빌린 돈을 갚지 못하게 되었고, 이로 인해 수많은 은행들과 대출 회사들이 부도를 맞게 되었다. 그런데 문제는 여기서 끝나지 않았다. 부도를 맞은 대출회사와 은행에 투자를 했던 세계의 다른 회사나 은행들도 연쇄적으로 붕괴하게 된 것이다. 이를 '서브프라임 모기지subprime mortgage론 사태, 2008년 세계 금융위기'라고 부른다.

2008년의 금융위기 사태는 우리나라에도 커다란 파장을 불

러일으켰다. 2007년 말, 우리나라는 달러당 900원이었던 환율
이 2008년에 1,500원까지 올랐다. 수출 비중이 높은 한국경제
는 호황을 맞이했고 대기업들의 매출과 이익은 비약적으로 높아
졌지만, 일반 국민들은 환율이 높아지자 물가가 올라가는 고통
을 겪어야 했다. 생필품을 비롯한 소비재의 가격이 계속해서 치
솟았기 때문이다. 무력한 서민들이 할 수 있는 일은 허리띠를 졸
라매는 것뿐이었다. 이미 10년 전인 1997년에 IMF를 경험한 국
민들은 한목소리로 경제 불안을 걱정했다. 통제할 수 없는 환율
의 급격한 변동으로 우리나라 국민들은 자신과는 상관없는 일에
책임을 져야 했던 것이다.

이처럼 우리는 납득하기 힘든 통화량과 환율의 변동, 투기적
금융사들의 파산이 초래하는 화폐 불안으로 인해 이리저리 휘둘
리며 고통받는 삶을 살아야 했다. 우리가 선택하지 않은 화폐제
도와 우리가 좌우하지 못하는 금융제도 때문에 왜 우리의 삶이
휘둘려야만 하는 걸까? 어쩌면 나카모토 사토시도 이 문제에 대
해 끊임없이 고민했는지 모른다. 그리고 이 모순적인 사회 구조
를 한탄하며 돌파구를 찾기 위한 해결책으로서 암호화폐를 탄생
시킨 것은 아닐까?

비트코인을 만들고 돈으로 사용하는 방법

비트코인은 특정한 누군가에 의해서 발행되는 것이 아니기
때문에 주인이 없다. 또한 특정 개인이나 사이버상의 포털사이
트 운영자가 프로그램으로 만든 '캐시'나 '도토리'도 아니다. 거

래방법은 당사자를 1:1로 연결하는 P2P 방식을 활용하며, 네트워크에 참여하는 여러 명의 컴퓨터에 거래내역을 동시에 분산하여 보존한다. 따라서 비트코인의 주인은 비트코인을 만들고, 거래하고, 현금으로 바꾸는 일을 수행하는 모든 참여자가 된다. 비트코인을 거래하는 많은 사람들 중에서 신분이 높거나 경제력이 많다고 해서 '주인'이라고 할 수는 없다.

암호화폐를 거래하기 위한 전자지갑계좌을 만들 때도 신분증 검사 같은 건 필요 없다. 암호화폐에서는 거래할 때 사용하는 계좌를 '전자지갑' 또는 줄여서 '지갑'이라고 부른다. 지갑마다 고유한 번호가 있는데 숫자와 영어 알파벳 소문자, 대문자를 조합해 약 30자 정도로 이루어진다. 예를 들어 '3DoT2TJL5ahxbxa VsGGA4XQainRq4ds8o5'와 같은 문자와 숫자의 조합으로 지갑의 주소가 생성된다. 지갑을 만들 수 있는 별도의 프로그램이나 웹사이트를 통해 지갑을 만들면 한 사람이 여러 개의 지갑을 만들 수 있다. 이론상 개인이 무제한으로 지갑을 만들어도 중복되지 않는다는 뜻이다.

현실 세계에서 우리가 쓰는 돈은 국가나 은행에서 관리한다. 우리나라에서는 중앙은행인 한국은행에서 돈을 발행한다. 돈을 얼마나 찍을지 정하고, 유통량을 조절하는 것이다. 그러나 비트코인은 국가나 특정 은행의 통제를 받지 않는다. 즉, 비트코인을 발행하는 특정한 은행이 없는 대신 누구나 비트코인을 만들수 있다. 성능 좋은 컴퓨터로 수학 문제를 풀면 비트코인을 대가로 얻는 것이다. 이렇게 컴퓨터로 문제를 풀어 비트코인을 만드는 과정을 광산에서 금을 캐는 것에 빗대어 '채굴'mining이라고 부른다. 이런 방식으로 비트코인을 만드는 사람을 영어로 '마이너' miner라고 부르는데, 우리말로 '광부'라는 뜻이다. 즉, 이런 마이너광부들은 비트코인 세계에서 돈을 만드는 역할을 한다.

보통 비트코인을 얻기 위해서는 수학 문제를 풀어서 채굴하거나 돈을 주고 거래소에서 사야 한다. 그렇다면 마이너들이 컴퓨터를 통해 풀게 되는 수학 문제는 과연 어떤 것일까? 비트코인을 얻기 위해 풀어야 하는 수학 문제는 $1+2=3$ 또는 $2X+3Y=2ab+3(a+b)^2$ 와 같은 연산문제가 아니다. 주어진 임의의 숫자를 맞추어 내는 것이다.

예를 들어, '0.0000001111101010100100010…'라는 숫자를 맞추기 위해 각 자리에 계속해서 숫자를 넣어 보고, 맞추는 과정을 반복하는 것이다. 다른 컴퓨터들과 경쟁을 해야 하기 때문에 꽤 어려운 편이다. 일종의 암호 풀기인데, 일반 컴퓨터 1대로는 몇 년씩 걸려야 맞출 수 있는 숫자가 나오기도 한다. 게다가 2009년부터 채굴이 시작된 비트코인은 최대 2,100만 개를 캘 수 있도록 제한되어 있는데, 이렇듯 전체 수량이 정해져 있어서 비트코인을 필요로 하는 사람이 많아질수록 값이 올라가게 된다.

비트코인을 통한 새로운 가치

비트코인은 가상공간에 존재하는 화폐다. 즉, 눈에 보이지 않는 암호화된 데이터 코드로 존재하는 화폐다. 암호화폐는 법정화폐와 구별되는 특성을 통해 가상공간의 거래행위를 신뢰하게 만들면서, 화폐로서의 지위를 얻게 되었다. 그래서 기존 법정화폐 제도에 대해 비판적인 사람들에게 대안적인 기대감을 안겨주고 있다. 비트코인의 특성을 좀 더 명확히 정리하면 다음과 같다.

1) 탈집중화와 연결

비트코인이 전자화폐나 가상화폐와 구별되는 가장 강력한 특성은 '탈집중화' 또는 '탈중심성'에 있다. 비트코인은 화폐의 발행과 유통에 있어 어떤 법적 인증이나 권위에 의존하지 않는다. 화폐의 총량과 발행 속도는 미리 프로그램된 코드에 의해 순차적으로 실행될 뿐이다. 이 때문에 특정한 누군가개인이든 기관이든가 임의로 통화량이나 이자율, 환율 등을 조작할 수 없고, 국가나 중앙은행에 의존하는 법정화폐보다 화폐 가치의 불확실성에 대한 불안도 적다.

비트코인을 말할 때 빼놓을 수 없는 또 하나의 특성은 앞에서도 언급한 P2PPeer-to-Peer 네트워크라고 할 수 있다. 'P'의 'Peer'는 '응시하다', '동료'라는 뜻으로, P2P 네트워크는 인터넷상에서 수많은 개인과 개인이 직접 연결되어 데이터를 공유하는 것을 말한다. P2P 네트워크 시스템에서는 데이터화폐가 거래 당사자 사이에서만 오가기 때문에 이중지불을 막을 수 있고, 데이터화폐를 중앙에 집중시킬 필요도 없게 된다.

요컨대, 법정화폐와 비트코인 간의 명확한 차이는, 첫째, 중앙통제냐 분산성이냐에 있으며, 둘째, 소수의 사람이 소유하느냐 다수의 사람이 공유하느냐에 있다고 할 수 있다.

2) 국경 없는 거래

비트코인이 국경을 넘어선 결제수단이 된 것도 어느덧 오랜 시간이 흘렀다. 비트코인은 정부나 중앙은행에 의존하지 않기 때문에 국가나 중앙은행의 승인을 거치지 않고 거래를 할 수 있다. 그래서 국경을 넘는 거래라도 절차가 단순하고, 빠르며, 쉽게 체결된다는 특징이 있다. 게다가 비트코인은 법정화폐에 비해 거래수수료가 거의 없다. 은행이나 국제 결제수단을 이용하면 수수료가 많고 시간이 오래 소요되며 불편한 절차를 거쳐야 한다. 반면에 비트코인은 무국적 화폐이기 때문에 국내 거래나 국가 간 거래에 차이가 없다. 덕분에 우리는 비트코인을 통해서 국가 간 장벽도 쉽게 넘을 수 있다. 해외 매장에 있는 컴퓨터 기기를 살 때도 비트코인으로 구매할 수 있고, 해외여행을 갈 때도 비트코인을 이용하면 환전할 필요가 없으며, 환율의 등락에 대한 염려도 할 필요가 없다. 또 국제단체에 기부를 할 때에도 비트코인을 이용할 수 있다.

3) 화폐 발행의 민주화

돈을 벌면 행복해야 한다. 그러나 열심히 일해도 돈은 늘 부족하고 사람들의 삶은 오히려 팍팍해지고 있다. 양적 완화로 표현되는 통화량의 팽창과 화폐가치의 하락으로 사람들은 집을 빼앗기거나 일자리를 잃어야 했다. 게다가 복지도 줄어들어 더 이상 졸라맬 허리띠도 없게 됐다. 그러나 비트코인이 유통되는 가상공간에서는 국가와 은행의 통제를 받는 화폐 발행으로 인해 불안해 할 일이 없다. 비트코인은 채굴과정을 통해서만 발행되며 채굴의 성공에 제공되는 보상의 크기는 서서히 감소하여 어느 시점 이후에는 더 이상 발행되지 않는다. 이 같은 특성으로 인해 비트코인은 법정화폐 발행의 무제한성과 그 고통스런 결과를 저지할 수 있는 화폐의 민주화를 실현시킬 기대주로 주목받고 있다.

해결해야 할 과제

이상에서 살펴본 바와 같이 비트코인은 여러 가지 장점을 바탕으로 미래 화폐로서 지녀야 할 새로운 가치와 의미를 가진다는 점에서 가히 환상적인 화폐라고 할 수 있다. 물론 몇 가지 문제점과 한계점이 있는 것도 사실이다. 하지만 비트코인의 역사는 아직 초창기에 불과하기 때문에 시행착오를 겪는 과정으로 이해하는 것이 좋을 것이다.

1) 도덕적 해이

비트코인의 운영방식은 중앙 집중형이 아니라 분산 네트워크형이다. 따라서 해킹을 하기 위해서는 모든 컴퓨터를 동시에 공격해야 한다. 이 때문에 보안성에서 커다란 안정성을 지닌다. 하지만 비트코인을 취급하는 초기에는 개인들이 거래소에 접속하는 방식에서 해킹당할 위험성이 있다. 암호개인키의 노출, 인증번호 및 보안 비밀번호를 보이스피싱 당하는 사례가 언론에 보도되기도 했고, 실제로 다수의 거래소에서 암호화폐비트코인가 도난 당하기도 했다.

또한 내부 운영자들의 도덕적 해이도 문제가 되고 있다. 세계 최대의 비트코인 거래소인 마운트곡스Mt. Gox에서 전체 거래량의 5%에 해당되는 65만 비트코인당시 시세로 약 1200억 원이 부당 인출되어 폐쇄된 적이 있었다. 처음에는 해킹에 의한 피해인 것으로 알려졌으나, 회사 시스템의 잔액 데이터 조작을 조장하는 내부 소행에 의해 사라진 것으로 밝혀졌다.

2) 급격한 변동성

비트코인을 대안 화폐로 이용하려고 할 때 의심되는 부분이 가격변동성이다. 비트코인이 처음 거래된 2010년 5월에 1비트코인의 가치는 미국 달러화 기준으로 14센트였지만, 2011년 5월에는 27달러까지 상승했다. 그러다 2013년에는 유로존 위기와 미국, 중국 정부의 비트코인에 대한 긍정적 평가 등이 기폭제가 되어 투기와 버블이란 말이 나올 만큼 폭등하여 11월에는 1,200달러를 돌파하기에 이르렀다.

이후 비트코인의 시세는 마운트곡스의 파산과 중국 인민은행의 거래 금지 이후 폭락을 거쳐 2015년을 기준으로 200~300달러대에서 거래되었다. 그리고 2017년 9월 말에는 4,000달러를 돌파했다. 이렇게 암호화폐 시장은 변동성이 크고 예측 근거가 없어 심리적 투기 경향이 높은 것으로 정평이 나 있다. 또 전통적인 수요와 공급의 법칙이 제대로 작동하지 않을 뿐 아니라 금이나 은과 달리 적정 가격 기준이 없다는 점도 극심한 가격 변동의 요인으로 상존한다. 그래서 전문가들은 암호화폐의 가격 결정 구조가 매우 불분명하다는 점을 들어 투자자들의 각별한 주의가 필요하다고 지적한다.

3) 탈법과 범죄 유발

정부 입장에서는 비트코인의 익명성을 악용한 마약, 무기 등의 불법 거래나 돈세탁, 탈세 등의 범죄 유발 가능성이 심각한 고민거리가 되고 있다. 이에 대해 미국에서는 현행법상 불법성을 띠는 거래만 규제하겠다는 입장을 취하고 있다. 국제 공조도 이뤄지고 있는데, 국제자금세탁방지기구FATF는 암호화폐가 테러 조직의 송금 등에 사용되지 않도록 공동으로 규제를 만들려고 하고 있다. 또 가장 많은 피해를 발생시키는 것이 폰지 스킴Ponzi Scheme으로, 쉽게 말해 다단계 판매식 사기라고 할 수 있다. 아무런 실체가 없는 암호화폐를 가치가 있는 것처럼 현혹하여 사람들이 투자하도록 만들어 수익을 올리는 방식이다. 이러한 사기는 정보력이 부족한 투자자들을 주요 대상으로 하여 투자금을 가로채는 것으로 유명하다.

암호화폐가
돈으로 처음 인정받은 날

2010년 5월 22일: 비트코인 '피자데이'

비트코인 이용자에게 5월 22일은 역사적인 날이다. 사상 처음으로 비트코인을 이용해 현물피자 구매가 이뤄졌기 때문이다. 그래서 비트코인 이용자들은 해마다 이날을 '피자데이'로 정하여 기념하고 있다.

비트코인 피자데이는 2010년 5월 18일 저녁, 미국 플로리다주 잭슨빌에 사는 라스즐로 핸예츠Laszlo Hanyecz라는 비트코인 포럼bitcointalk.org 유저가 비트코인 톡에 피자 거래를 제안하는 글을 올리면서 시작되었다. 라지 사이즈 피자 두 판을 자신에게 배달해 주면 1만 비트코인을 지불하겠다는 내용이었다. 라스즐로는 자신의 목적이 "호텔 룸서비스처럼 비트코인으로 피자를 주문할수 있는지 알아보는 것"이라고 밝히면서 직접 만들어서 가져다주든 배달을 시켜 주든 이 거래에 관심이 있다면 연락을 달라고 글을 남겼다.

당시 1만 비트코인의 가격은 41달러 정도였고, 라지 사이즈

세계 최초로 비트코인으로 구입한 피자

피자 두 판의 가격은 30달러 정도였으니 비트코인을 팔아서 피자를 주문하는 것이 더 경제적이라고 할 수 있다. 그러나 라스즐로의 관심은 비트코인으로 과연 피자를 주문할 수 있는가에 있었기 때문에 이러한 실험을 해보고 싶었던 것이다. 그가 올린 글에는 수많은 댓글이 달렸고, 그는 모든 댓글에 하나하나 답글을 달면서 피자 구매에 나섰다. 그리고 글을 올린 지 4일째 되는 5월 22일 오후, 라스즐로는 마침내 거래에 성공했다는 글을 올렸다. 피자를 거래한 송금 내역과 함께 그가 올린 인증샷에는 파파존스 라지 사이즈 피자 두 판이 식탁 위에 있었고, 그의 딸로 추정되는 여자아이가 피자를 잡으려 손을 올리는 모습도 담겨 있었다. 이날이 비트코인을 사용해 최초의 실물거래를 한 날로, 포럼 유저들은 이를 기념하자는 의미로 5월 22일을 '비트코인 피자데이Bitcoin pizza day'로 부르게 되었다.

2017년 9월 8일 오후 10시 30분 현재, 1btc는 5,050,000원이다. 10,000btc이면 50,500,000,000원이다. 0이 많아서 헤아리기도 어려울 정도인데, 라스즐로가 피자 두 판을 10,000btc에 샀으니, 한 판에 252억 5천만 원짜리 피자를 먹은 셈이다. 피자데이로 불리는 5월 22일은 우리에게 한 가지 교훈을 매년 상기시킨다.

"암호화폐는 시간이 돈이다."

5장
알트코인 & 이더리움

비트코인이 세상에 나온 이후, 지금도 세계 곳곳에서는 다양한 종류의 암호화폐들이 앞다투어 새롭게 만들어지고 있다. 사실 비트코인이 화폐로서의 위상을 가지고 실생활에 필수적으로 사용되기 위해서는 아직도 시간이 더 필요할 것이다. 그럼에도 불구하고 또 다른 암호화폐들이 계속해서 만들어지고 있는 것은 무엇 때문일까? 이번 장에서는 그 이유에 대해 자세히 살펴보기로 하겠다.

1. 알트코인

암호화폐는 사이버상에서 결제 수단으로 쓰이는 가상의 돈이다. 그런데 암호화폐의 시초인 비트코인은 현재 송금이나 간편 결제 수단 등 일상생활에서 직접 쓰이는 수준으로까지 그 위상이 크게 발전하였다. 이처럼 비트코인의 쓰임이 실용화되고, 그 가치가 급등함에 따라 다양한 암호화폐들이 계속해서 빠르게 개발되기 시작했다. 비트코인 이후 새로 만들어진 암호화폐들, 즉 비트코인을 제외한 다른 모든 암호화폐들을 일컬어 '알트코인'이라고 부른다.

알트코인이란?

암호화폐의 가장 큰 특징은 집단 지성에 의한 개발과 활용이라고 할 수 있다. 프로그래머들이 공개된 소스오픈소스: 온라인상에 해당 소스(프로그램)가 모든 사람들에게 공개된 것를 활용하여 계속해서 프로그램을 발전시키기 때문이다. 알트코인도 비트코인의 블록체인 오픈소스를 활용해 만들어진다. 이 소스를 수정하거나 약간의 기능을 추가하면 얼마든지 새로운 암호화폐를 만들어 낼 수 있는 것이다. 따라서 알트코인은 비트코인의 한계와 문제점을 개선하기 위해 제작되는 대안 화폐라고 할 수 있어 영어 'Alternative'를 줄여 '알트Alt코인'이라고 부른다.

알트코인의 종류는 2017년 9월 기준 약 1,000여 종이 넘는데, 지금도 새로운 기능과 목적에 의해 계속해서 개발되고 있다. 초기에는 알트코인들이 비트코인의 기능을 하나하나 대체하면서 개선됐기 때문에 비트코인의 복제판에 불과했다. 예를 들면, 비트코인의 형태를 약간 변경하거나 처리 속도를 높이든지, 분배방식을 살짝 바꾸는 등의 형식이었다. 하지만 지금은 특별한 기능이 추가되고, 비트코인의 편리성과 효율성을 크게 뛰어 넘는 코인으로 다양하게 발전하고 있다. 익명성이 보장된 거래를 제공하는 코인Dash, 통화 간 거래에 도움을 주는 코인Ripple, 번개와 같은 거래 속도를 자랑하는 코인Litecoin 등이 등장하게 된 것이다. 이로 인해 비트코인에 대한 경쟁이 치열하게 펼쳐지고 있다. 다만 모든 알트코인이 제대로 된 암호화폐로 인정받고 활용되는 것은 아니다. 사실 그 동안 수많은 종류의 코인들이 제작되긴 했지만, 하루에도 셀 수 없이 많은 코인들이 폐기되기도 한다.

알트코인에 주목해야 하는 이유

자산을 늘리기 위한 목적으로 볼 때, 알트코인은 투자 방식과 수익성에 있어 주식의 배당이나 은행의 이자율과는 비교도 안 될 만큼 높은 이점을 가지고 있다. 이를 테면 알트코인은 코인 자체의 기능과 그 쓰임새가 분명하게 제작된다. 그래서 대부분의 정상적인 알트코인은 홈페이지에 백서whitepaper가 공개되는데, 이 백서에는 개발 목적과 용도, 기술진과 개발 중인 기술 일정 등이 담겨 있다.

어떤 코인 개발진들은 운영자와 개발자가 단체 소통 채널트윗, 챗팅, 각종 SNS을 만들어 투자자들과 수평적으로 의견을 공유하기도 한다. 보통의 경우 주식회사의 운영진과 투자자는 주주총회를 통해 1년에 한두 번 정도 만나는 것이 상식이다. 이에 반해 알트코인은 개발진들이 소통을 통해 신뢰 관계를 유지하려고 노력한다는 점에서 일반적인 투자형 주식거래와는 질적인 차이가 난다.

또한 주식은 한번 구매하여 소유하면 현금화하기 전까지 활용할 방도가 거의 없다. 하지만 알트코인은 구매 후 필요에 따라 송금 또는 다른 코인으로의 교환이 얼마든지 가능하다. 은행과 비교할 때 송금 수수료도 거의 무료 수준으로 낮으며, 보유한 코인을 팔아 현금화하기도 용이하다.

현재 알트코인은 비트코인과 달리 개발 중이거나 개발된 직후이기 때문에 투자 종목으로 볼 때 초기 시장에 해당된다. 그래서 시기에 따라 가격 변동성이 존재하지만, 자금 유입이 꾸준히 증가하는 추세이다 보니 가격의 흐름은 상승곡선을 그리고 있다.

알트코인의 종류와 현황

2017년 3월까지 비트코인의 전체 코인 시장 점유율은 무려 85%에 이르렀다. 이후 이더리움을 비롯한 알트코인의 비율 상승으로 비트코인의 점유율은 급격히 하락하게 됐는데, 2017년 6월 기준으로는 점유율이 38%에 머물렀다. 그동안 발행된 코인에 관한 정보와 거래 현황은 코인마켓캡http://coinmarketcap.com/을 통해서 시가 총액별로 순위 1위부터 마지막 순위까지 모두 확인해 볼 수 있다.

알트코인의 종류는 자그마치 1,000여 종이 넘기 때문에 지면 관계상 모두 소개하기는 어렵다. 다만 가장 대표적인 종류를 몇 가지 소개하자면, 이더리움, 대시, 리플, 라이트 코인 등을 들 수 있다. 이더리움은 다음 절에서 더 자세하게 설명하기로 하고 여기에서는 몇 가지만 간략히 살펴보겠다.

1148 Cryptocurrencies / 5635 Markets   Market Cap: $149,780,116,927 / 24h Vol: $1,998,836,431 / BTC Dominance: 49.0%

Cryptocurrency Market Capitalizations

It's fast, easy, and not only a Multicurrency Wallet; it's a Hybrid Exchange, too. It's Eidoo.

Market Cap ▾   Trade Volume ▾   Trending ▾   Tools ▾   Search Currencies

All ▾   Coins ▾   Tokens ▾   USD ▾   Next 100 →   View All

▲#	Name	Market Cap	Price	Circulating Supply	Volume (24h)	% Change (24h)	Price Graph (7d)
1	Bitcoin	$73,349,260,696	$4415.95	16,610,075 BTC	$914,268,000	1.10%	
2	Ethereum	$29,572,346,227	$311.28	95,003,008 ETH	$276,755,000	0.27%	
3	Ripple	$9,219,853,817	$0.238874	38,597,142,499 XRP *	$64,336,400	1.77%	
4	Bitcoin Cash	$6,014,413,956	$360.66	16,676,225 BCH	$91,247,600	-0.73%	
5	Litecoin	$2,800,834,330	$52.57	53,277,782 LTC	$48,791,900	1.38%	
6	Dash	$2,384,474,996	$313.41	7,608,092 DASH	$30,347,300	1.65%	

코인마캣캡 홈페이지(https://coinmarketcap.com) (2017.10.08.기준)

1) 대시(Dash: DASH)

비트코인의 모든 이체 내역은 공개를 기본으로 하기 때문에 누구나 확인할 수 있다. 이체내역이 모두 기록되고 불법적으로 쓰인 사실도 공개되니, 사람들이 소유를 꺼리기도 하여 다른 암호화폐보다 가치가 떨어지게 되는 문제도 생긴다. 그래서 비트코인에는 없는 익명 기술을 사용하여 제3자가 거래내역을 알 수 없도록 만든 코인이 바로 '대시Dash'다.

대시는 마스터노드Masternode라는 새로운 형태의 노드[1] 를 구성해 코인을 서로 믹싱하여 거래기록을 감춘다. 또 비트코인에서는 10분 이상 걸리는 거래 승인 과정을 대시는 1초 이내로 줄여 실시간 거래를 가능하게 했다. '마스터노드' 방식으로 여러 건의 거래를 하나로 묶어 거래 기록을 감추기 때문에, 특별히 개인 정보 보호에 민감한 이들 사이에서 큰 호응을 얻고 있다.

2) 리플(Ripple: XRP)

리플은 국제적인 송금을 위한 정산 네트워크이다. 기관과 기관의 정산 과정에 소요되는 시간, 비용, 절차를 효과적으로 줄이는 장점이 있다. 이를 위해 개발된 코인을 'XRP'코인이라고 한다. 일반적으로 암호화폐는 블록체인을 기반으로 암호를 해독하는 채굴과정을 거쳐 발행되며, 네트워크에서 유통된다. 그러나 리플은 개발사인 리플랩스사가 코인을 발행하고 유통시킨다. 즉, 중앙에서 관리하고 통제, 운영하는 주체가 있다는 뜻으로, 엄밀한 의미로는 암호화폐라고 볼 수 없다. 그러나 구글이 투자하고 미국, 독일 등의 글로벌 은행권에서 리플 네트워크에 적극 참여하고 있다는 보도에 따라 큰 관심을 모으게 됐다. 세계 각국의 많은 사람들이 만들어내는 거래 내역을 단 몇 초 내로 빠르게 처리하여 해외 송금에 특화된 점이 강점으로 꼽힌다.

3) 라이트코인(Litecoin: LTC)

라이트코인은 2011년 찰스 리가 개발한 은색의 화폐로, 채굴 시 암호화 알고리즘인 스크립트를 사용해 비트코인의 작동 방식보다 복잡성을 줄인 것이 특징이다. 비트코인의 P2P 오픈소스 방식을 사용하는 등 기술적으로 유사한 부분이 많기 때문에 비트코인에서 비롯된 파생 화폐로 소개되는 경우가 많다. 그러나 비트코인보다 채굴량이 4배 가량이나 많고, 블록 처리 속도도 4배

정도 빠르다는 강점이 있다. 최근에는 다양한 상점들과 파트너십을 맺어 일상생활에서 결제할 수 있도록 시스템을 확장하여 이용의 편의성도 높였다. 또한 세그윗Segwit: 블록에 포함된 서명을 따로 빼서 그만큼의 공간을 활용할 수 있게 하는 기술 및 라이트닝 네트워크암호화된 P2P 거래를 가능케 하는 기술 구축에 성공하면서 가치가 더욱 급등하였다.

4) 이더리움 클래식(Ethereum Classic: ETC)

이더리움이 DAODecentralized Autonomous Organization; 분산자율조직 해킹 사태를 겪으면서 한화로 약 640억 원에 달하는 코인을 해커에게 도둑맞은 사건이 있었다. 그래서 개발진들이 해커들에게 도난당한 이더리움을 사용할 수 없도록 인위적으로 블록체인을 분절하는 작업인 '하드포크복구'를 진행했다. 이 하드포크를 통해 업그레이드한 코인이 이더리움이고, 업그레이드 하지 않고 하드포크를 부정한 것이 이더리움 클래식이다. 이후 이더리움 클래식은 해외 대형 거래소인 폴로닉스에 갑작스럽게 상장되면서 투자자들 사이에서 커다란 화제를 모았다. 최근 이더리움의 후광을 받아 이더리움 클래식도 시장에서 활발히 거래되는 추세다.

2. 2세대 암호화폐: 이더리움

암호화폐의 분야에서 이더리움은 비트코인처럼 가격이 많이 오르는 알트코인의 최강자로, 2015년 세상을 깜짝 놀라게 만들

이더리움 홈페이지 http://www.ethereum.org (2017년 10월 8일 기준)

었다. 만약 누군가 이더리움Ethereum을 한 문장으로 설명할 수 있다면, 그는 아마도 암호화폐 분야의 상당한 전문가이거나 엄청난 괴짜일 수 있다.

누가 이더리움을 만들었나?

이더리움은 2015년, 당시 20세였던 러시아 출신의 청년 비탈릭 부테린Vitalik Buterin이 개발했다. 부테린은 1994년 1월 31일 러시아 콜롬나 시에서 태어났는데, 6개월 만에 부모님을 따라 캐나다로 이민했다. 초등학교 3학년이 되었을 때 영재반으로 들어가게 되었고, 이후 수학, 프로그래밍, 그리고 경제학에 관심을 갖기 시작했다.

부테린은 또래 아이들보다 두 배나 빠른 속도로 세 자리 숫자를 암산했을 정도로 두뇌회전이 빠른 것으로 유명했다. 2012년에 국제올림피아드 정보 부문에서 동메달을 획득하고, 17살 때는 비트코인에 관심을 갖게 되어 『비트코인 매거진』이라는 암호화폐 전문 잡지를 창간하기도 했다. 이후 여러 오픈 소스 프로젝트에 참여하면서 암호화폐 분야에서 두각을 나타내기 시작했다.

2014년에는 워털루 대학교에 진학했는데, 대학을 1년도 못 다니고 돌연 자퇴했다. 그리고 같은 해 11월, 부테린은 세상을 깜짝 놀라게 한 주인공이 되었다. 신기술 분야의 노벨상이라고 불리는 '월드 테크놀로지 어워드'에서 페이스북 창업자인 마크 저커버그를 제치고 IT 소프트웨어 수상자로 뽑혔던 것이다. 어떻게 저커버그가 부테린에게 밀렸을까 의아할 수도 있겠지만, 이더리움이 무엇인지 알고 나면 저절로 수긍이 갈 것이다. 2017년 9월 25일 한국을 방문하여 강남구 삼성동 코엑스의 이더리움 밋업에서 강연하기도 했다. 현재 부테린은 스위스의 추크에 살고 있는데, 그에 대해 더 자세한 정보를 알고 싶다면 https://about.me/vitalik_buterin을 통해 확인해 볼 수 있다.

이더리움이란 무엇인가?

이더리움Ethereum이 처음 한국에 소개되었을 당시, 그 명칭은 이시리움 또는 에테리움으로 표기되기도 했으나, 각종 커뮤니티에서 한글 표기법에 대한 논의가 뜨겁게 이어지며 명확한 명칭이 정해지지 않았다. 그러다 점차 국내 거래소와 각종 언론보도를 통해 '이더리움'이라는 표현이 가장 많이 사용되면서 자연스레 이더리움으로 표기되기 시작했다. 여기에서 이더ETH는 비공식 약칭이면서 동시에 이더리움을 화폐로 가리키는 명칭이다. 아직도 언론보도나 개인의 선호에 따라 이시리움, 또는 에테리움으로 불리기도 한다.

이더리움은 2015년 7월 30일에 비탈릭 부테린Vitalik Buterin이 개발한 암호화폐이자 플랫폼[2]이다. 이더리움은 자바나 C++과 같은 ①'프로그래밍 언어'이기도 하고, ②'클라우딩 컴퓨터 플랫폼'이라고도 정의할 수 있으나, 어떻게 설명해도 일반인들이 이해하기는 쉽지 않을 것이다. 일단 중요한 것은 이더리움이 블록체인을 활용한 암호화폐라는 점이다.

인터넷을 기반으로 하는 가상공간에서는 데이터를 무한정으로 복사하거나 변경할 수 있다. 즉, 가상공간에서 데이터를 교환할 때 원본을 무한정으로 복사하거나 변경할 수 있다는 얘기다. 이는 데이터가 가진 가치를 희소하게 보존시킬 수 없는 약점이 된다. 이러한 이유로 인터넷에서는 특정한 데이터 소스를 화폐 수단으로 활용할 수 없었다. 따라서 가상공간에서 화폐를 활용하기 위해서는 무엇보다 데이터를 마음대로 복사하고, 대량으로 유포할 수 있는 인터넷의 특성을 극복해야 했는데, 이것을 해결한 기술이 바로 블록체인이다.

블록체인은 기존의 서버와 클라이언트로 대변되는 지금까지의 인터넷 원리에 정면도전하는 혁명적 기술이라고 할 수 있다. 웹이든 모바일이든 현재 모든 인터넷 서비스는 '서버'라는 물리적 실체가 존재한다. 이 서버는 일을 처리하는 중앙컴퓨터로, 암호화폐는 서버가 없다. 누가 관리하고, 운영하는지 중앙에 위치한 존재를 정할 수가 없다. 즉, 블록체인은 특정한 인물이나 회사가 주도하는 것이 아니다. 모든 참여자가 동등한 위치에서 분권화de-centralized된 구조에 참여한다. 이렇게 암호화폐는 프로그래밍 언어 또는 플랫폼으로 존재하지만, 블록체인을 기반으로 하여 화폐로 활용되는 것이다.

최초로 화폐의 지위를 갖게 된 것이 비트코인인데, 이더리움 역시 비트코인의 핵심 기술인 블록체인blockchain을 기반으로 한다는 점에서 암호화폐의 특성을 가진다. 또한 비트코인의 거래 기록뿐 아니라 계약서, SNS, 이메일, 전자투표 등 다양한 애플리케이션을 활용하여 운영할 수 있도록 확장성을 제공한다. 그래서 이더리움이 가진 가장 큰 매력은 '플랫폼으로서의 확장성'이라고 할 수 있다.

한편 이더리움이 블록체인 기술을 활용하다 보니 이더리움이 활용하는 애플리케이션들 또한 당연히 분산 애플리케이션 decentralized application이 가능하다. 이를 줄여 DApp 또는 dAp, 한국어로는 '댑'이라고 부르는데, 댑에 관해서는 뒤에서 좀 더 자세히 설명하겠다.

아마 이 책의 독자들 대부분은 블록체인이나 암호화폐 등 IT 분야의 전문가가 아닐 것이다. 이러한 가정하에 이후로는 블록체인 기술과 관련된 상세한 부분보다는 이더리움의 특성인 '확장성' 및 실제 '활용성'을 중심으로 이야기하겠다.

이더리움의 탄생 배경: 마운트곡스의 파산

"비트코인 해킹 발생"
"비트코인의 취약성이 드러나다"

2014년 2월 말, 세계 최대의 비트코인 거래소인 마운트곡스가 거래를 중단하는 긴급 사태가 발생했다. 이에 마운트곡스를 운영하던 일본의 언론뿐 아니라, 세계의 많은 언론들이 비트코인의 거래 자체에 문제가 있는 것으로 일제히 보도했다. 언론의 보도를 접한 사람들은 비트코인 자체에 문제가 많은 것으로 오해했고, "중앙은행에서 발행하지 않는 통화가 지속적일 리가 없다."라는 평가가 곳곳에서 쏟아져 나왔다.

하지만 붕괴된 것은 비트코인을 취급하는 거래소 중 한 곳일 뿐 비트코인 자체가 아니었다. 이는 마치 해외여행에서 돌아와 쓰고 남은 달러를 원화로 바꾸려고 환전소에 갔다가 환전소가 문을 닫은 것을 보고 "원화 자체가 문제가 있어."라고 말하는 것과 같다. 환전소는 비트코인 시스템의 이용자이지 운영자가 아니다. 개발자, 운영자의 문제가 아닌 이용자의 관리 부주의에 의한 것을 통화제도 자체의 문제로 평가하는 것은 맞지 않는 얘기다. 실제로 마운트곡스가 문을 닫았어도 비트코인의 유통거래은 아무런 지장을 받지 않았다. 즉, P2P를 통한 블록체인 갱신 작업은 아무런 문제없이 계속되었고, 비트코인의 거래 자체는 지금도 계속되고 있다.

마운트곡스가 파산한 이유는 해커의 공격에 충분한 대비책이 없었기 때문이다. 이 사건을 통해 사람들은 매우 중요하고 분명한 두 가지의 사실을 확인하게 되었다. 첫째, 암호화폐비트코인의 블록체인 기술 자체는 해킹되지 않는다는 것과, 둘째, 해커가 비트코인의 가치를 인정했다는 것이다. 세상에 가치 없는 것을 훔치려는 사람은 없을 것이다. 따라서 해커는 환전소 하나를 파괴해도 비트코인 자체에는 크게 영향이 없다는 사실을 알고 있었던 셈이다. 자신이 훔친 비트코인이 붕괴되어 가치가 떨어지게 되면 비트코인을 훔칠 이유가 없기 때문이다.

어쨌든 비트코인의 위기를 보면서 부테린은 '화폐' 기능에 주목하던 비트코인과 달리 블록체인에 더 다양한 정보를 담을 수 있다는 점에 관심을 가졌다. 그래서 다양한 정보를 블록체인에 담아 생활형 플랫폼으로 활용코자 이더리움을 개발하게 된 것이다.

2세대 암호화폐의 상징: 플랫폼

최초의 암호화폐로서 비트코인이 역사적으로 갖는 가장 큰 의의는 현실 세계에서 거래를 가능하게 했다는 점이다. 이는 비트코인이 가치를 저장할 수 있는 컴퓨터 오픈 코드소스라는 형태로 화폐의 기본적인 조건을 만족시켰다는 것, 즉 컴퓨터 코드로서 가치의 저장을 가능하게 하여 화폐의 기능을 획득했다는 것이다.

이더리움은 그 존재 의미가 비트코인과 다르다. 이더리움은 단순한 컴퓨터 코드이기도 하지만, 각종 프로그램을 연동시키는 플랫폼으로서의 개념이 더 크다. 이더리움 백서에 소개된 개발 목적도 '분산 어플리케이션DApp 제작을 위한 대체 프로토콜을 만드는 것'이라고 표현되어 있다. 이것은 이더리움을 단순히 화폐로 쓰기 위해 만들었다기보다 블록체인 기반의 생활 플랫폼을 만들기 위해 만들었음을 의미한다. 따라서 이더리움은 그 자체로 암호화폐를 뜻하는 말이기도 하지만, 동시에 다양한 사물들을 연동시켜 작동시키는 블록체인 플랫폼을 뜻하는 말이기도 하다. 즉, 이더리움은 플랫폼으로서 블록체인 기술을 이용하여 일상생활에 적용할 수 있는 다양한 형태의 프로그램을 연계시키는 시스템인 것이다.

여기서 말하는 플랫폼은 서울역, 용산역, 대전역 등 실제 기차역에 비유할 수 있다. 기차역은 수많은 열차가 다닐 수 있게 하고, 열차 이용객들을 목적지까지 이동할 수 있게 해준다. 또한 많은 수하물을 보내고 받을 수도 있다. 이와 같이 여러 가지 기능들을 연동시키고, 작동시키는 공간을 플랫폼이라고 한다. 이더리움은 비트코인처럼 화폐로 기능할 뿐만 아니라, 블록 자체에 특정한 내용을 기입할 수 있는 기술을 활용하여 다양한 기능을 부가적으로 수행할 수 있다. 즉, 스마트 계약 기능을 통해 전자투표, SNS, 사물인터넷을 활용한 자동화 결제 등 암호화폐에 여러 가지 다른 기능을 추가할 수 있다. 그래서 사물인터넷에 이더리움을 적용하면 기계가 스스로 거래를 하게 된다.

비트코인은 P2PPeer-to-Peer 방식으로 사람 대 사람, 기계 대 사람의 거래를 가능하게 하지만, 기계 대 기계 간의 거래는 가능하게 할 수 없다. 하지만 이더리움은 사물 대 사물, 기계 대 기계가 자동적으로 암호화폐를 서비스 및 재화로 교환할 수 있게 한다. 예를 들어, 인공지능이 자율주행차에 결합되어 상용화되면 자율주행차 스스로 주유소에 가서, 연료를 넣고 이더리움으로 결제를 한다는 것이다. 지금처럼 사람이 차 밖으로 나와서 연료 주입구에 휘발유를 넣고, 카드로 결제하는 것이 아니다. 차 안에서 사람이 잠자고 있어도, 자율주행차 스스로가 가장 싼 주유소를 탐색하고, 이동해서 연료를 충전하고, 결제를 하게 된다는 얘기다. 이더리움 플랫폼을 통해 완벽한 자동화 결제시스템이 구현되는 것이다.

스마트 컨트랙트: 자동화 결제 시스템

계약이란 "상호 합의한 내용에 따라 약속된 행동을 수행하면, 약속한 대가를 지급하는 거래"이다. 간단히 말해 '기브 앤 테이크Give and Take'로, 계약의 본질은 내가 미래에 무엇인가를 받을 목적으로 상대방에게 나의 현재 행위 혹은 미래의 행위를 약속하는 것이다. 이 약속에 신뢰를 부여하기 위해서는 상대와 함께 종이에 약속한 내용을 적고 약속의 증표로 서명을 한 다음, 이 약속이 지켜지지 않았을 때를 대비하여 법적 구속력을 허용해야 한다. 지금까지는 이러한 계약의 체결 과정에 사람이 직접 개입하여 계약 내용을 확인하고 진행할 수밖에 없었다.

그러나 스마트 컨트랙트라는 기능은 계약의 체결과 실행에 있어 사람을 배제시키는 것을 의미하며, 이더리움 플랫폼 안의 프로그램 언어로 구성된다. 거래를 하고자 하는 두 주체가 합의한 내용을 프로그램으로 설정하여 절차에 따라 약속된 동작을 시행하게 되는 것이다. 이것은 사람들의 계약 행위에 IT기술과 컴퓨터 프로그램이 접목되어야 하는 것으로 다음과 같이 진술될 수 있다.

"내가 당신을 위해 프로그램으로 설정된 행동을 하면,
당신은 그 대가로 당신의 이더리움을 나에게 지급해야 한다."

이처럼 스마트 컨트랙트는 사람이 계약에 꼭 개입해야 할 필요가 없기 때문에, 사물인터넷IoT 기술이 적용될 경우 자동화 시스템이 획기적으로 구현될 수 있다. 예를 들어 미래에는 냉장고에도 스마트 기능이 탑재될 예정인데, 냉장실에 1리터짜리 생수가 3병 이하가 되면 자동으로 생수를 주문하는 프로그래밍이 설정되어 있다고 가정해 보자. 스마트 냉장고는 이더리움 플랫폼을 활용하여 생수를 주문하고, 생수 배달이 완료되면 이더리움이 자동으로 결제될 것이라는 메시지계약를 마트에 보낼 것이다. 이에 대응하여 마트의 인공지능 시스템은 주문을 접수하고, 드론으로 생수를 배달시킨 뒤 이더리움을 획득하게 될 것이다.

그런데 비트코인으로 주문과 결제를 하게 되면 아마도 지금처럼, 사람이 직접 마트에 전화를 하거나 모바일로 주문을 한 뒤 배달 온 드론에게 현금 대신 비트코인을 지급하는 방식으로 결제가 진행될 것이다. 즉, 결제수단만 비트코인이 될 뿐 그 외의 계약 진행은 지금과 큰 차이가 없게 된다는 뜻이다.

그러나 앞으로 사물인터넷IoT 기술이 현실화되고, 이더리움 생활플랫폼이 상용화되면 스마트 냉장고가 주문에서 자동 결제까지 수행하는 것처럼 건물과 토지 등 각종 부동산의 임대차 계약, 각종 공과금 납부 등 현실 세계에서 중대한 계약의 집행과 결제의 모든 과정이 자동화될 것이다. 사람이 일일이 신경 쓰고 확인하지 않아도, 오류 없이 스마트 컨트랙트 기능을 활용할 수 있게 된다.

스마트 컨트랙트는 이렇게 우리의 삶을 새롭게 뒤바꿀 놀라운 장점을 가지고 있다. 아마도 이더리움의 스마트 컨트랙트 기능을 충분히 이해하고 있다면 미래 사회의 모습을 상상하는 것이 어렵지 않을 것이다.

최근 스마트 컨트랙트 기능의 가능성이 확인된 후, 많은 암호화폐들이 스마트 컨트랙트 기능을 기본 사양으로 탑재하는 추세가 되었다. 비트코인이 암호화폐의 기축 통화라면, 이더리움은 스마트 컨트랙트를 기반으로 실생활의 다양한 분야를 연동시키는 플랫폼이 되는 셈이다.

블록체인의 분산 어플리케이션: DApp

DApp댑, Decentralized Application이란 분산된 어플리케이션, 곧 분산앱App을 뜻한다. 블록체인에 추가 기능을 부가할 수 있는 기술이 '스마트 컨트랙트'이고, 블록체인의 거래를 분산된 형태로 유지하거나 활용하는 기술이 바로 '댑'이다. 좀 더 쉽게 말해 DApp은 블록체인의 분산 네트워크를 기반으로 중앙 서버를 거칠 필요 없이 동작이 실행되도록 설계된 앱이라고 할 수 있다. 따라서 모든 정보가 블록체인하에 분산되어 저장되기 때문에 블록체인

의 장점이라고 말하는 익명성, 투명성, 보안성을 확보할 수 있게
된다.

이더리움의 미래를 알고 싶으면 EEA를 보라

EEAEnterprise Ethereum Alliance란 '기업 이더리움 동맹'의 약어
로, 이더리움 기술 기반의 기업형 블록체인 솔루션을 공동개
발, 구축, 확산하기 위해 이더리움 프로토콜을 지지하는 세계
적인 지원 단체를 뜻한다. 한마디로 쉽게 말해 이더리움 후원
사들이라고 할 수 있다. 2017년 2월 출범한 이래로 11월 기준
150개 이상의 기업, 주정부, 은행, 금융회사 등 수많은 회원이
가입해 있다.

EEA에 속한 회원사들의 분야를 보면, 은행, 정부, 의료, 에너
지, 의약품, 마케팅 및 보험뿐 아니라 빠르게 성장하는 이더리움
신생 기업을 포함한 다양한 업종들이 있다. 그리고 이 가운데 마
이크로소프트나 시스코, 인텔, 삼성SDS, ING생명, JP모건, 마
스터카드, 스코샤 은행 등 세계적인 IT기업과 금융사 들이 포함
되어 있다.

이처럼 이윤을 추구하는 세계적인 기업들과 은행들이 EEA에
대거 가입하여 막대한 투자금을 지원하고 있다는 사실은, 그만
큼 이더리움의 발전 가능성이 얼마나 큰가를 쉽게 짐작할 수 있
게 한다. 더욱이 EEA의 규모는 앞으로 더욱 커질 것으로 전망되
며, 이에 따라 블록체인 기술을 일상에 활용하는 분야도 점점 확
장될 것으로 보인다.

기업 이더리움 동맹(EEA) 참여 기업

쉽게 이해하는
비트코인과 이더리움의 차이

　이더리움을 블록체인 플랫폼이라고 하면서 비트코인과는 다르다고 설명했는데, 아직도 뭐가 다른 건지 정리가 안 되는 독자들도 있을 것이다. 이번엔 두 화폐의 차이를 좀 더 쉽게 이해할 수 있도록 비유를 통해 설명하겠다.

 자동판매기 vs 자동무인발급기

비트코인은 물품이 정해진 자동판매기라고 할 수 있다.
　① 자동판매기에 돈을 넣는다.
　② 버튼을 선택하고 누른다.
　③ 물건이 나온다.
돈을 넣고, 버튼을 누르면 커피가 나온다. 돈을 넣고, 버튼을 누르면 음료수가 나온다. 참 간단하다. 비트코인은 **단순하게 돈의 역할**을 한다.

이더리움은 자동 무인 발급기라고 할 수 있다.
　① 원하는 서류를 정한다.
　② 자신을 증명한다(지문을 대조하거나 주민번호 입력 등).
　③ 돈(수수료)을 넣는다.
　④ 요청한 서류가 나온다.
미리 자신에게 필요한 서류(데이터)가 무엇인지 정한다. 필요한 개인정보, 지문 등을 입력한다. 발급에 필요한 수수료를 지불한다. 원하는 서류가 나온다. 무인발급기는 안에 컴퓨터가 내장되어 있어서 **프로그램으로 설정한 정보**를 맞춤식으로 제공한다. 서류에 대한 요청이 있으면 프로그램으로 설정된 대로 작동하여, 출력조건이 맞는지 개인정보를 검증하고 프로그램으로 설정된 형태로 서류를 지급한다. 이더리움은 이용자의 요청에 맞게 내용을 변경할 수 있어, 맞춤식 서비스를 가능하게 한다.

📱 폴더폰 vs 스마트폰 📱

비트코인은 폴더형 휴대폰이다.

통화기능 : ① 휴대폰의 폴더를 연다.

② 전화번호 누른다.

③ 상대방과 통화한다.

멀티기능 : ① 휴대폰의 폴더를 연다. ① 휴대폰의 폴더를 연다.

② 계산기를 누른다.   ② 달력을 누른다.

③ 계산한다.   ③ 날짜를 확인한다.

비트코인은 처음 만들 때부터 정해진 기능만 사용 가능하다.

이더리움은 플랫폼 기반 스마트폰이다.

통화기능 : ① 화면을 터치(클릭)한다.

② 전화번호 누른다.

③ 상대방과 통화한다.

멀티기능 : **원하는 앱(어플리케이션)을 다운받아 설치하고 사용한다.**

이더리움은 자신이 원하는 프로그램을 다운로드 받거나, 어플을 설치해서 용도에 맞게 쓸 수 있다. 게임을 설치하기도 하고, 돈을 지불하고 게임에 필요한 아이템을 살 수도 있다. 교통카드 앱을 다운받으면 버스, 택시를 타고 내릴 때 결제할 수 있다. 폰뱅킹 앱을 깔면 은행 업무도 순식간에 처리할 수 있다. 세상의 모든 기능을 손바닥에서 해결할 수 있다. 이더리움 플랫폼에서 활용하는 어플리케이션을 분산형 앱(DApp: 댑)이라고 한다.

	BITCOIN (2009)	VS	ETHEREUM (2015)	
블록체인 1.0	채굴코인, 오픈소스 블루칩 코인(NO.1)	공통점	채굴코인, 오픈소스 블루칩 코인(NO.2)	블록체인 2.0
	결제 및 투자	용도	결제 및 투자 응용 확장 프로그램	
	기축통화 대체 1세대 가상화폐	의미	사물인터넷 활용 2세대 가상화폐	

6장
암호화폐 만들기

IT기술은 세상을 세 번이나 깜짝 놀라게 만들며 우리의 삶에 혁명과도 같은 커다란 변화를 일으켰다. 처음엔 컴퓨터라는 기계를 등장시켜 세상을 깜짝 놀라게 했고, 다음엔 컴퓨터들을 연결하는 인터넷을 등장시켜 세상을 놀라게 했다. 그리고 최근에는 인터넷에서 해킹을 방지하는 프로그램인 블록체인을 등장시켜 세상을 또다시 놀라게 만들었다.

우리를 세 번째로 놀라게 한 '블록체인block chain'이 바로 암호화폐의 출발을 가져왔다. 이는 곧 암호화폐가 블록체인을 통해서 만들어진다는 말이다. 그렇다면 이 블록체인 기술이란 무엇을 말하는 것일까? 이번 장에서는 불록체인과 암호화폐의 원리에 대해 자세히 알아보도록 하겠다.

1. 블록체인이란

4차 산업혁명의 핵심 단어 중 절대로 빼놓을 수 없는 게 바로 블록체인이다. 『비즈니스 블록체인』이라는 책을 쓴 윌리엄 무가야William Mougayar[1]는 "아직까지 블록체인이 당신에게 충격적인 것으로 다가오지 않았다면, 확신하건대 그런 순간이 곧 올 것이다."라며 블록체인의 중요성을 강조하였다.

인터넷을 넘어 블록체인으로

WWW 또는 웹Web이라고도 불리는 월드와이드웹World Wide Web은 다양한 형태의 데이터와 정보에 접근할 수 있도록 해주는 인터넷을 말한다. 1990년 영국의 컴퓨터 과학자인 팀 버너스 리Tim Berners Lee가 만들어서 대중들에게 보급되었다. 당시에는 인터넷을 바라보는 시각이 긍정적인 쪽과 부정적인 쪽으로 나뉘어 치열한 공방을 벌였다.

예찬론자들은 방대한 정보를 통해 원하는 정보를 편리하고 신속하게 얻을 수 있다고 주장했다. 반면에 반대론자들은 개인의 사생활이 침해받고, 불필요한 정보의 범람으로 정보 과부하 현상이 나타나 사회적 비용이 과다하게 지출된다고 비판했다. 뿐만 아니라 정신적으로 미숙한 사람들에게는 인터넷 중독이 일어날 것이라고 주장했다.

이러한 논쟁 속에서도 팀 버너스 리는 웹을 통해 인류가 다양한 정보를 쉽게 확인하고, 창조적인 아이디어를 확산하게 될 거라고 강조했다. 또한 상품을 새롭게 매매하거나 새로운 형태의 인간관계를 형성할 수 있게 될 것이라고 주장하였다. 아날로그 시대에는 상상조차 할 수 없던 새로운 방식들, 곧 정보검색, 전자출판, 이메일, 소셜미디어 등과 같은 개념들에 대해 구체적으로 적시했던 것이다. 하지만 많은 사람들이 팀 버너스리의 말에 쉽게 동조하지 못했다. 당시로서는 도무지 이해할 수 없는 황당한 얘기였기 때문이다.

그러나 인터넷이 만들어진 이후 팀 버너스 리는의 예견은 모두 현실화되어 이메일, 소셜미디어, 데이터베이스와 같은 신조어가 만들어졌다. 또한 IT기술이 진화되면서 메인프레임, 데이터베이스, 네트워크, 서버, 소프트웨어, 운영체제, 프로그램 언어가 자연스럽게 사용되고 있다. 그리고 1990년대 초반, 인터넷에는 브라우징, 웹사이트, 자바, 블로깅, TCP/IP, SMTP, HTTP, URL, HTML 등과 같은 신조어들이 사용되기 시작했다.

마찬가지로 블록체인이 등장하면서도 다양한 신조어가 쏟아지기 시작했다. 합의 알고리즘, 스마트 계약서, 분산 원장, 오라클, 디지털 지갑, 거래 블록 등이 이에 해당한다. 인터넷이 처음 등장하던 때처럼 이제는 이러한 용어들을 그저 낯설고 어려운 개념들이라고 덮어 두어선 안 된다. 다가올 시대에 어차피 일반화될 개념이고, 우리의 실생활로 연결될 문제라면 지금부터라도 관심을 갖고 정확히 알아보는 것이 미래를 준비하는 현명한 자세라고 할 수 있다.

무라카미 하루키는 소설 『1Q84』에서 "설명해 주지 않으면 모른다는 건, 설명해 줘도 모른다는 것이다."라고 하였다. 하루키의 말처럼 설명해 주지 않으면 모른다는 건 정말로 설명해 줘도 모른다는 것이 될 수 있다. 그렇다면 설명해 줘도 모르는 이유는 무엇 때문일까? 어쩌면 그건 이해력이 부족해서라기보다 관심이 부족해서일지 모른다. 사람은 누구나 낯선 것에 대한 거리감과 두려움을 갖기 쉽다. 그래서 낯선 용어들을 접하면 머리에 쥐가 나거나 가슴이 답답해지는 것처럼 느껴질 수 있다. 이제부터 소개할 용어들도 대부분의 사람들에게 아직은 생소하고 거북하게 느껴질 것이다. 블록체인은 아직 우리에게 생소한 개념이기 때문이다. 이에 대해서 하나씩 살펴보자.

블록: 데이터를 전송하는 단위

블록체인을 이해하기 위해서는 가장 먼저 '블록Block'이 무엇인지 이해해야 한다. 블록은 컴퓨터에서 데이터를 입력하거나 출력할 때 사용하는 최소 단위이다. 이 블록은 아래 그림처럼 데이터를 저장하거나 읽을 수 있는 여러 개의 레코드로 구성된다.

한 개의 블록을 구성하는 여러 개의 레코드를 논리적 레코드라고 하는데, 이는 레코드 안에 담겨진 데이터내용들이 상호 논리

적으로 연결되어 있기 때문이다. 이렇게 레코드들로 구성된 블록은 컴퓨터에서 데이터를 1회 입력하거나 출력할 때 사용되는 단위이며, 블록을 구성하는 레코드들은 프로그램에서 처리되는 내용이 된다. 인터넷을 통해 메시지를 전달할 때, 각 레코드에 전달할 내용을 기록하고 블록 단위로 전송한다. 이때 송수신되는 블록은 위 그림처럼 메시지의 시작이나 끝에 적어도 한 개 이상의 전송 제어 문자를 포함하여 작성된다. 결국 블록은 인터넷상에서 데이터를 주고받을 때 사용하는 단위라고 할 수 있다.

인터넷의 블록은 쉽게 위변조할 수 있다.

인터넷은 데이터를 블록에 담아 여러 사람들에게 전달하기에 최적의 환경이다. 예를 들어, A라는 사람이 B, C, D라는 세 사람에게 같은 내용의 메일을 보낼 경우를 생각해 보자. 먼저 A는 보내려는 내용을 컴퓨터에서 작업을 한다. 이때 작업 내용은 레코드에 기록되고, 이 레코드들이 연결되어 하나의 블록을 만든다. 그다음에는 작성된 블록메시지을 B에게 보내기 위해 주소나 보낼 시간 등의 조건을 입력하게 되는데, 이것이 전송 제어 문자를 블록에 포함시키는 것이다. 이런 과정을 거쳐 B에게 메일을 전송하고, 이후 C와 D에게 보낼 때는 똑같은 내용을 '복사'해서 보낸다. 즉, 전송 제어 문자만 수정하고, 레코드의 내용은 같은 것을 복사해서 보내는 것이다.

여기에서 주목할 것이 있다. 인터넷에서는 데이터를 무한정으로 복제할 수 있다는 점이다. 이 기능은 원본과 사본이 같아서 정보를 대량 전송할 때는 큰 장점이 된다. 그러나 전달하려는 내용이 가치를 포함하는 데이터라면 문제가 된다. 즉, 거래를 위해서 데이터를 일반 전자화폐로 사용할 경우엔 문제가 된다. 예를 들어, 현실에서 5,000원짜리 지폐 한 장을 가지고 있는데, 이 돈으로 아메리카노 한 잔을 사면 돈이 상대방에게 전달되어 없어진다. 그런데 이 돈이 인터넷상에서 사용하는 일반 전자화폐라면 문제가 심각해진다.

일반 전자화폐는 물리적 실체가 없이 컴퓨터상에 데이터로 존재하기 때문에 쉽게 복제할 수 있고, 원본과 사본을 구분할 수도 없다. 컴퓨터에서 파일을 무제한 복사하듯 일반 전자화폐도 복제할 수 있다면 일반 전자화폐는 더 이상 화폐로서 기능할 수 없게 된다. 따라서 인터넷상에서 일반 블록데이터을 화폐로서 유통시키려면 쉽게 복사할 수 없는 방법을 고안해야 했다. 이 문제는 데이터 통신 분야에서 풀어야 할 오래된 숙제였는데, 이것을 해결한 기술이 바로 블록체인 기술이다.

은행을 통한 거래절차

기존의 화폐 거래는 보통 은행을 통해 이루어졌다. 은행을 통한 일반적인 거래 과정을 살펴보면 다음과 같다. 먼저 우리는 은행에 가서 입금서를 작성한 뒤 은행 직원에게 입금서와 돈을 제출한다. 은행 직원은 입금내역을 컴퓨터에 작성하여 저장하고 돈은 금고에 보관한다. 이렇게 입금된 거래내역은 1차 기록으로 분류된다. 다음에 돈을 인출할 때는 출금서를 작성하여 은행 직원에게 제출하고, 은행 직원은 앞서 기록된 1차 거래내역을 기준으로 그때 남아 있던 잔고를 확인하는 절차를 거친다. 그리고 이전 거래내역이 확인되면, 출금 거래가 진행된다. 이렇게 은행에서의 일반적인 거래방식은 거래내역을 작성한 뒤, 그 내용을 확인하고 승인해야 진행된다.

은행을 통한 거래 절차

이 과정에서 가장 중요한 것은 거래내역을 최소 용량으로 저장하고, 최소의 인원만이 그 거래장부에 접근할 수 있게 해야 한다는 점이다. 거래장부는 모든 거래를 작동시키는 근거가 되기 때문이다. 그래서 은행이나 신용카드사 등은 거래장부를 안전하게 보관하기 위해 몇 겹의 잠금 장치를 설치한 곳에 거래장부 서버를 보관하고, 각종 보안 장비와 프로그램을 설치한다. 하지만 철통같은 보안에도 불구하고, 은행에서 보관하고 있는 거래장부 서버는 해커들에 의해 수없이 공격당하고 있다.

블록체인은 데이터의 위변조를 방지하는 기술이다.

2008년 10월31일 저녁, 나카모토 사토시는 「비트코인: P2P 전자화폐 시스템」이라는 논문을 인터넷에 올렸다. 그는 이 논문에서 비트코인을, "전적으로 거래 당사자 사이에서만 오가는 전자화폐"라고 소개하고, "P2P 네트워크를 이용해 이중지불을 막는다."라고 설명했다. 이중지불이란 돈을 두 번 쓴다는 말인데, 원본을 위조한 사본으로 여러 번 지불한다는 뜻이다. 거래에서 이중지불이 가능해지면, 그 거래는 더 이상 신뢰할 수 없게 된다. 이것을 막기 위해 블록체인 기술을 도입하면 데이터의 위조나 변조를 불가능하게 하여 이중지불을 방지한다는 것이다. 과연 불록체인 기술이 무엇이기에 이러한 일을 가능하게 하는 것일까?

> **블록체인**: 블록(Block)을 사슬(Chain)로 연결하여 데이터의 위변조를 방지하는 기술

블록체인을 가장 간단하게 설명하면, '블록을 체인사슬 형태로 엮은 것'이라고 할 수 있다. 즉, 블록체인은 '블록'과 '체인'이라는 구조로 이루어지는데, 이 두 가지 요소를 통해서 이중지불을 막을 수 있는 것이다. 먼저 블록은 앞에서 설명한 것처럼 데이터를 기록하고 전송하는 최소의 단위이다. 이것을 인터넷에서 사용하듯 화폐 거래에서도 사용하면 이중지불의 문제가 발생한다. 블록체인에서는 이를 방지하기 위해 '해시 함수'를 활용하여 블록에 내용을 기록한다. 또한 전송된 블록을 상호 비교해서 진실로 판정된 블록만을 체인으로 연결한다. 이때 진위여부는 '전자서명' 방식을 통해 판정한다. 결국 블록체인의 핵심은 '해시 함수'와 '전자서명'을 기반으로 위변조를 방지한다는 데 있다.

해시(Hash): 블록에 담는 내용을 암호화하여 기록

블록체인에서 활용되는 블록의 구조

블록체인상에서 유통되는 블록은 암호화 되어 있기 때문에 위조를 하거나 변조할 수 없다. 즉, 10분간의 거래내역을 해시값으로 기록하기 때문이다. 여기서 말하는 해시가 무엇인지 알아보자. 해시Hash는 하나의 문자열을 짧은 길이의 값이나 코드로 바꾸는 역할을 한다.

해시는 암호화와는 약간 다른 개념을 갖는데, 암호가 정보를 숨기기 위한 것이라면 해시는 정보의 위변조를 방지하기 위한 판별의 기능도 포함한다. 그래서 해시를 사용하면 전자서명, 전자봉투, 전자화폐 등 다양한 전자상거래의 기능을 구현할 수 있다. 다시 말해, 해시는 데이터의 길이에 관계없이 원래 문장을 13~18자리 정도, 일정한 길이의 값으로 변경하는 것이다. 해시의 특징은 원래 문장의 내용이 완전히 같으면 해시값[2]도 완전히 같고, 원래 문장의 일부가 조금이라도 달라지면 완전히 다른 해시값이 나온다는 점이다.

원문		해시값
PC-1 나는 ABC 아카데미이다.	해시 (Hash)	12DWs)A@%567B
PC-2 나는 ABC 아카데미이다.		12DWs)A@%567B
PC-3 나는 ABD 아카데미이다.		dHT$&glkd8402~!

이해를 돕기 위해서 시간 함수를 고려하지 않고 설명한다면, 위 그림에서 첫 번째 PC-1에서 "나는 ABC 아카데미이다."라는 문장을 해시 알고리즘에 통과시키면 오른쪽과 같이 "12DWs)A@%567B"라는 13자리의 문자열이 산출된다. 두 번째 PC-2에서도 완전히 같은 문장 "나는 ABC 아카데미이다."를 해시 알고리즘에 통과시키면 첫 번째 PC-1에서 산출된 해시값과 동일한 "12DWs)A@%567B"가 산출된다. 그런데 세 번째 PC-3에서는 원문의 한 글자가 바뀌었다. 즉, "나는 ABD 아카데미이다."를 해시 알고리즘에 통과시키면, PC-1과 PC-2에서 얻어진 해시값과 전혀 다른 "dHT$&glkd8402~!"이 산출된다. 이런 효과를 '눈 사태 효과'라고 한다. 원문 "나는 ABC 아카데미이다."에서 단지 "C"가 "D"로 한 글자가 바뀌었을 뿐인데, 해시값은 전체가 바뀌어 전혀 같은 것이라고 볼 수 없게 됐다. 그래서 바뀐 해시값으로는 특정한 규칙을 적용하거나 기술적인 조합을 만들더라도 원문을 유추할 수 없는 것이다.

원문		해시값
PC-1 ?	해시 (Hash)	12DWs)A@%567B
PC-2 ?		12DWs)A@%567B

또한 해시값은 블록체인에 참여한 사용자들이 거래내역을 빠르고 쉽게 상호 비교할 수 있도록 하는 핵심 열쇠가 된다. 위와 같이 PC-1과 PC-2의 해시값이 완전히 같다면, 원본의 내용이 무엇인지는 모르지만 원본의 내용이 같다는 것을 알 수 있다. 그렇다면 거래내역을 비교할 때 원자료원장의 내용을 직접 비교하지 않고, 해시값으로 비교하는 이유는 무엇일까? 그것은 처리속도 때문이다. 앞서 설명했듯이, 해시는 아무리 큰 용량의 원문이라도 정해진 13~18 자릿수로 내용을 압축하여 바꾼다. 즉, 거래내역의 데이터 용량에 상관없이 해시를 통과한 해시값은 매우 적은 양으로 바뀐다. 그래서 원문 자체보다는 해시값을 활용하는 것이 보다 쉽고, 빠르고, 정확하게 원문의 동일성 여부를 판단할 수 있다.

그렇다면 해시값으로 전송된 데이터의 진위여부를 판단하는 원리는 무엇인지 잠시 살펴보기로 하겠다.

가령 A라는 사람이 B라는 사람에게 메시지원문로 12345를 보낸다고 하자. 전송하려는 원문을 해시 알고리즘에 통과시키면 '체크섬Checksum'이 포함된 해시값을 얻게 된다. 여기에서 체크섬이란, 메시지의 각 자리 숫자를 모두 더해서 얻어진 수의 마지막 자릿수를 뜻한다. 즉, 1+2+3+4+5는 15가 되므로, 5가 체크섬이 된다. 따라서 B는 123455라는 숫자해시값를 전송받게 된다. B는 전송 받은 숫자를 계산하고 첨부된 체크섬 5와 비교한다. 그리고 체크섬과 숫자들의 합의 마지막 자릿수가 일치하면 전송된 내용이 맞다고 판정한다.

반면에 일치하지 않을 경우는 전송받은 내용에 문제가 생겼다고 판정한다. 즉, 전송받은 해시값숫자이 122455라면숫자합은 14이므로 체크섬은 4가 되어야 하는데, 이것은 첨부된 체크섬 5와 일치하지 않는다. 결국 받은 파일이 중간에 위조된 것이라는 결론에 도달한다. 이런 원리로 전송한 블록과 전송받은 블록을 비교하면 중간에 위변조 여부를 판별할 수 있다.

이렇게 체크섬을 활용한 위변조 판별원리를 해시 알고리즘이라 한다. 최초의 해시 알고리즘은 공식적으로 SHASecure Hash Algorithm: 안전한 해시 알고리즘라고 불렸다. SHA는 암호학적 해시값을 산출하는 연산을 말한다. 이 알고리즘은 미국 국가안보국NSA이 1993년에 처음으로 설계했으며, 미국 국가 표준으로 지정되었다. 그러나 초기에 개발된 해시 알고리즘은 위에서 설명한 바와 같이 비교적 간단한 원리로 해시값을 산출하기 때문에 컴퓨터 연산처리 기술이 발달하면서 쉽게 해킹되었다.

결국 초보 수준의 해시 알고리즘은 해킹되고 보완하고, 해킹되고 다시 보완하는 작업을 지속적으로 진행해왔고, 나중에 설계된 함수들과 구별하기 위하여 SHA-0이라고 명명되었다. 이후에 SHA-1이 발표되었고, 나중에는 SHA-2로 불리는 SHA-224, SHA-256, SHA-384, SHA-512 등이 추가로 발표되었다. 이들은 각각 해시값의 출력 길이와 체크섬의 복잡성에 따라 SHA-224, SHA-256, SHA-384, SHA-512로 구분한다. 현재 표준화되어 가장 일반적으로 사용되는 것은 SHA-256이다.

전자서명: 당사자 증명과 위변조 방지 원리

우리나라의 전자서명법에 보면, "전자서명이란 서명자가 해당 전자문서에 서명하였음을 나타내기 위해 전자문서에 첨부되거나 논리적으로 결합된 전자적 형태의 정보를 말한다."고 되어 있다. 결국 서명을 통한 증명의 기본적 원리는 '비교'라고 할 수 있다. 서명한 사람 자신만이 할 수 있는 독특한 표식을 남기고, 나중에 그 표식을 똑같이 제시하는 것이다.

현실 세계에서의 서명을 생각해 보자. 계약을 할 때 갑과 을이 인감도장으로 계약서에 날인하면, 한쪽이 계약을 어기거나 파기했을 때 그 계약서를 기반으로 보상을 요구할 수 있다. 인감도장은 국가에 등록된 개인별 표식이다. 인감을 소유한 바로 그 사람만이 찍을 수 있기 때문에 그 계약행위의 당사자임을 국가가 보증한다는 의미이다.

하지만 가상공간에서 행해지는 전자서명의 경우에는 상황이 달라질 수 있다. 공인기관도 없고, 실물 도장도 소용없으며 'Ctrl+C복사, Ctrl+V붙임'만 할 줄 알면 디지털로 된 자기증명서는 순식간에 복사된다. 또한 아이디랑 비밀번호 같은 걸로 당사자임을 증명하려고 해도 해킹되기 쉽다. 그래서 가상공간의 복제문제를 해결하기 위해 개발된 것이 전자서명Digital Signature 기술이다.

그럼 전자서명은 네트워크상에서 어떻게 당사자임을 증명할 수 있을까? 게임서버 같은 곳에서는 아이디와 패스워드비밀번호를 입력하면 된다. 그러나 블록체인에서는 개인의 정보를 활용하여 당사자임을 증명하지 않는다. 오히려 블록체인은 기본적으로 모든 사람에게 모든 정보를 공개함을 특징으로 한다. 모든 사람이 확인할 수 있는 구조이므로 개인정보를 입력한다는 것은 말이 되지 않는다. 즉, 개인 정보가 없어도 당사자임을 증명할 수 있게 만든 것이 블록체인의 전자서명이다.

블록체인에서의 전자서명은 수학적으로 연관되며 암호화되어 절대로 해독이 불가능한 한 쌍의 키를 활용한다. 이 한 쌍의 키는 '공개키Public Key'와 '개인키Private Key'로 구성된다. 개인키는 개인의 패스워드라고 보면 되는데, 절대로 다른 사람들에게 알려주면 안 된다. 공개키는 말 그대로 공개하는 것으로, 마치 청첩장이나 홍보 전단처럼 많은 사람에게 알려줄수록 좋다.

이 개인키와 공개키의 기능을 알면 수수께끼 같은 전자서명의 재밌는 작동 방식을 이해할 수 있다. 예를 들면, 2개의 키로만 열리는 금고가 있다. 그런데 이 금고는 공개키로 잠그면 개인키로만 열리고, 개인키로 잠그면 공개키로만 열리는 구조다.

이 의미를 이해했는지 다음의 퀴즈를 통해 각자 확인해 보자. 잠겨 있는 작은 상자가 하나 있다. 많은 사람들이 길동이가 뿌린 공개키와 철수가 뿌린 공개키를 가지고 있다. 2가지 키로 상자를 열어보았다. 길동이의 공개키로는 열리지 않았다. 철수의 공개키로는 열렸다.

그렇다면 이 상자는 누구의 것일까? 철수의 것이다. 왜냐하면 철수가 개인키로 잠가 놓았기 때문에 철수가 뿌린 공개키로만 열리는 것이다. 이때 철수는 상자를 잠근 자신의 개인키를 아무에게도 보여주지 않았지만 모두에게 상자를 잠근 당사자라고 인정받게 된다. 이로써 개인정보가 없어도 네트워크상에서 '자신'이 사본이나 가짜가 아닌 '진품'이라는 것을 증명하게 되는 것이다.

이번에는 반대의 방법으로 인터넷상에서 특정인에게 정보를 전송할 때, 해커가 중간에 열어서 조작할 위험이 없이 상대방만 열게 할 수도 있다. 예를 들어 상대의 공개키를 받아서 상자를 잠근다면, 이 상자는 공개키의 쌍인 개인키를 가진 사람만이 열 수 있게 되는 것이다. 개인키는 단 한 사람만이 가질 수 있기 때문이다. 그래서 거래할 사람이 있으면, 그 사람의 공개키만 가져오면 되는 것이다. 그러면 지금까지 설명한 공개키와 개인키란 실제로 무엇일까? 먼저 아래 그림을 보자.

블록체인에서 공개키와 개인키로 열고 잠그는 금고(예시)

이 그림이 익숙한 독자라면 마이이더월렛을 사용하고 있거나 사용해 본 경험이 있는 사람일 것이다. 이 그림은 다름 아닌 마이이더월렛을 종이로 프린트한 종이지갑이다. 이 지갑금고은 개인정보를 전혀 입력하지 않아도 한 쌍의 키를 만들어 준다. 즉

공개키주소와 개인키패스워드를 한 쌍으로 발급받아 암호화폐블록를 보내기도 하고, 받기도 하는 데 사용하는 것이다.

구체적인 예를 통해서 다시 확인해 보자. 우선 길동이가 "길동이가 1BTC를 철수에게 보낸다."라는 메시지를 쓰고 보낸다고 가정할 때, 이 메시지를 철수의 공개키를 이용하여 비밀 메시지로 만든다철수의 전자지갑에 보내는 것을 의미한다. 블록체인상에는 모든 거래내역이 공개되기 때문에 누구나 메시지를 볼 수 있다. 하지만, 그 내용이 해시 함수로 암호화되기 때문에 무슨 내용인지는 알 수 없다. 변조하기도 어렵다. 단지 길동이가 지정한 한 사람, 즉 공개키와 한 쌍인 개인키를 가진 철수만이 그 내용을 확인할 수 있다. 다시 말해 오직 철수만이 자신의 개인키를 이용해서 메시지를 복호화하고 그 내용길동이가 1BTC를 철수에게 보낸다을 확인하는 것이다.

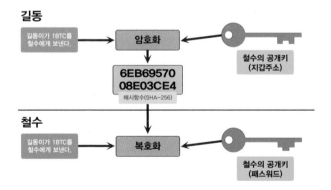

이와 같이 전자서명 방식은 내가 공개키주소를 알려준 사람에게만 메시지암호화폐를 안전하게 보낼 수 있도록 해준다. 또한 나의 공개키주소를 알고 있는 사람으로부터 오로지 나만 복호화할

수 있는 메시지를 받을 수도 있다. 따라서 나의 공개키를 아는 사람이 많으면 많을수록 공개키 암호 방식이 더 유용해진다. 물론 이 점은 자신의 개인키를 안전하게 보관해야 한다는 것을 전제한다. 누군가 나의 개인키 복제본을 가지고 있다면, 그는 나인 것처럼 가장할 수 있고, 마치 내가 쓴 것처럼 메시지에 서명할 수 있기 때문이다.

블록체인의 작동 원리1: 블록의 연결과 공개

블록체인에서는 거래 내용이 블록에 담기고 이 블록이 다른 블록과 연결되어 모든 사용자가 실시간으로 확인할 수 있다. 다시 말해 모든 사용자가 P2P 네트워크에 접속하여 공동으로 거래 기록을 남기고 똑같은 거래장부의 사본을 공유하여 보관한다. 그래서 블록체인은 네트워크의 특정 주체가 모든 거래 기록을 관리하는 게 아니라 모든 사용자가 거래장부를 함께 확인하고 보관한다는 점에서 기존의 보안 상식을 뒤집는 기술이라고 할 수 있다. 이러한 특성으로 인해 블록체인을 '공개된 거래장부'라고도 부른다.

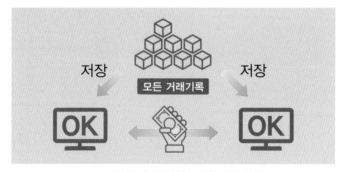

공공 거래장부(블록체인)를 통한 거래 방식

블록체인의 작동 원리2: 제3자, 중간자 없는 신뢰 시스템

블록체인 기술을 활용한 암호화폐는 국가나 은행의 보증이 없어도 거래를 할 수 있다. 그런데 믿을 만한 제3자은행의 확인이 없어도 거래가 정말 가능할까? 어항 속의 물고기를 보듯이 모든 사람이 볼 수 있는 투명한 거래가 이루어지면 가능한데, 이 기술이 바로 블록체인의 핵심이다. 거래원장ledger을 모두 암호화해 공개 장소에 기록하는 것이다. 그러면 거래에 대한 승인에 제3자가 전혀 필요 없게 된다.

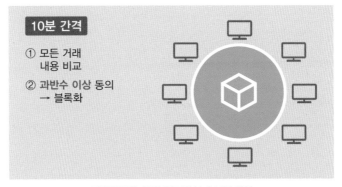

작업증명을 통한 인증방식과 블록체인

블록체인에 연결된 모든 구성원혹은 컴퓨터은 각자 거래장부를 가지고 있다. 이 장부에는 블록체인 내에서 **10분 간격**으로 발생하는 모든 거래가 자동으로 기록된다. ①모든 컴퓨터들은 자기 장부의 거래내역과 다른 컴퓨터들의 장부를 비교한다. 그리고 ②과반수 일치한 거래 정보를 하나의 '블록'으로 만든다. 이렇게 계속 만들어진 블록들이 고리로 연결돼 블록체인을 구성한다. 여기서 만들어진 블록체인은 **모든 컴퓨터들의 작업을 통해**

진실로 증명된 결과이므로 믿을 수 있게 된다. 이것을 블록체인의 '**작업증명 방식**Proof of Work'이라고 한다.

그런데 신뢰할 수 있는 내용만을 선별하여 기록하는 작업증명 방식과 체인으로 연결되는 구조라고 해도 과연 내용을 변경하는 것까지 막을 수가 있을까? 아무리 믿을 만한 내용이라도 누군가 위조를 한다면 신뢰할 수 없을 것이다.

예를 들면, 은행이 없는 마을에 30명이 살고 있다. 이 마을 주민들은 마을에서 일어나는 모든 돈 거래를 장부에 적는다. A가 B에게 10만 원을 빌렸다면 A와 B는 자신의 장부에 적고, 다른 사람들28명에게 알린다. 소식을 들은 28명은 각자 자신의 장부에 기록한다. 그런데 B채권자가 욕심이 생겨 자기 장부와 A의 장부를 훔쳐 30만 원을 빌려준 것으로 고쳤다. 만약 두 사람의 거래 내역이 두 사람의 장부에만 기록되었다면 B에 의해 장부 내용이 실제와 다르게 변경되었다는 사실을 증명하기 어려울 것이다. 하지만 이미 원래 거래내역10만 원을 빌려준 사실을 28명에게 알렸기 때문에 변조된 내용은 폐기될 수밖에 없다.

이처럼 블록체인은 작업증명 시스템PoW을 통해 과반수의 장부에 인정받은 내용만을 블록으로 생성된다. 따라서 공식적으로 인정받은 데이터가 공식 기록으로 남는 것이다. 이게 바로 블록체인 기술의 원리다. B가 제대로 조작을 하려면 A, B를 제외하고 14명의 장부를 더 훔쳐서 조작했어야 했다. 어쩌면 실제로 14명의 장부를 훔쳐서 조작할 수 있을지도 모른다. 그러나 이는 30명이 사는 마을이라면 몰라도 현실에서 수천만 명이 거래 기록에 참여한다면 거의 불가능에 가까운 일이라고 할 수 있다.

블록체인의 작동 원리3: 블록을 체인으로 연결

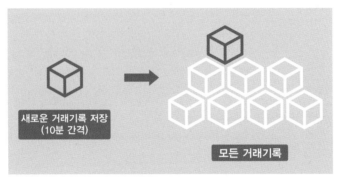

새로운 거래기록 저장
(10분 간격)

모든 거래기록

개별 블록을 연결한 블록체인

이미 검증이 끝나 체인의 한 부분으로 들어간 블록은 조작하기가 거의 불가능하다. 거래가 모두 연결돼 있는 블록체인의 사슬구조 때문이다. 이것은 아이들이 레고 블록을 쌓는 것과 비슷한 원리로 이해할 수 있다. 파란색 블록으로 큰 벽을 쌓다가 중간 지점에 잘못 끼워진 빨간색 블록 하나를 발견했다고 하자. 전체를 파란색으로 쌓아야 하기 때문에 빨간 블록을 빼서 파란 블록으로 바꾸어야 하는데, 그러려면 위쪽의 블록들을 모두 빼낸 뒤 원하는 색깔의 블록으로 바꾸고 윗부분을 다시 쌓아올려야 한다.

블록체인의 내용을 바꾸는 것도 이와 마찬가지다. 바꾸고자 하는 부분만 빼내서 다른 내용으로 바꾸는 건 거의 불가능하다. 현재 블록이 90인 블록체인에서 누군가 80번째 블록의 거래기록을 조작하려고 한다고 가정하자. 이 사람은 90~81번 블록을 모두 수정한 뒤에야 80번 블록에 접근할 수 있다. 그런데 블록 1개를 수정하기 위해서는 11개 블록을 검토하는 데 드는 막대한 컴퓨팅 비용을 감당해야 한다. 그것도 10분 안에. 사실상 조작이 불가능하다는 뜻이다. 그래서 블록체인이 길어질수록 보안은 더 강화되는 것이다.

지금까지 살펴본 내용을 다시 요약하면 블록체인은 블록의 연결체를 의미하고, 내부 구조는 '블록'＋'해시'＋'전자서명'으로 이루어진다고 할 수 있다.

2. 암호화폐 채굴하기

암호화폐를 획득하려면 직접 만들거나 거래시장에서 구매해야 한다. 이 중에 가장 안전한 방법은 직접 만드는 것으로, 채굴이라고 한다. 그럼 블록체인상에서 암호화폐가 어떻게 만들어지는지 이제부터 그 과정을 함께 살펴보기로 하자.

채굴이란 무엇인가?

원래 채굴이라는 말은 땅을 파고 땅속에 있는 광물을 캐내는 것을 말한다. 그런데 왜 암호화폐를 만드는 데 왜 채굴이란 말을 쓸까? 그 이유는 최초의 암호화폐, 즉 비트코인의 제작자가 비트코인 위키 원문에서 채굴mining이라는 용어를 사용했기 때문이기도 하지만, 암호화폐를 만드는 과정이 광산에서 금을 캐는 것처럼 어렵고 힘들기 때문이다.

예를 들어 자연 상태에 있는 금은 일반적인 광물로 존재한다. 쉽게 말하면 그냥 돌의 한 종류라는 뜻이다. 그런데 '채굴'이라는 과정을 통해서 가치 있는 광물금이 된다. 즉, 보석은 자연 상태로 쉽게 획득되는 것이 아니라 시간, 장비, 자원, 노력 등을 투입하여 땅속에서 캐내고, 세공하고, 사람들에게 유통되면서 가치를 얻게 된다. 이처럼 암호화폐도 인터넷이라는 광산에서 데이터라는 광물을 캐내고, 다른 사람들이 모방하지 못하는 형태로 가공하고, 많은 사람들에게 유통시키는 과정을 통해서 그 가치가 부여된다고 볼 수 있다.

그럼, 암호화폐의 채굴은 과연 어떤 과정으로 이루어질까? 간단히 말해 암호화폐의 재료는 네트워크에 연결된 데이터이고, 이 데이터들을 블록에 암호화시켜 저장하는 과정을 채굴이라고 할 수 있다. 여기에서 블록은 어디에서 만들어졌고, 누구에게 이동했고, 현재 누가 가지고 있는가 등에 대한 모든 기록들이 저장되어 있는 파일이라고 보면 된다. 따라서 채굴을 한다는 것은 블록을 만들고 그 블록들을 유통시키는 체인을 형성하는 것이라고 할 수 있다. 이 때 블록을 체인으로 연결하는 목적은 블록을 상호 신뢰하고 감시함으로써 완벽하게 보존하는 것이다.

암호화폐는 왜 발행하지 않고, 채굴하는 걸까?

암호화폐는 채굴의 보상으로 주어지는 블록의 사용 권리라고 할 수 있다. 그리고 암호화폐를 만든다는 것, 곧 채굴을 한다는 것은 많은 사용자들에게 인증된 블록을 이어나가는 작업으로 결코 쉽게 이루어지는 일이 아니다. 그럼, 암호화폐를 얻는 데 왜 이렇게 복잡하고 어려운 채굴 작업이 필요한 걸까? 그 이유는 다음과 같다. 첫째, 모든 참여자들에게 채굴 작업을 하게 함으로써 별도의 중앙 관리체계가 없는 블록체인상에서 '누가 거래장부를 기재하는가?'에 관한 문제를 민주적으로 해결할 수 있다. 둘째, 비용이 들어가는 채굴 작업을 통해 거래장부를 기록하게 하고, 그 일을 수행한 참여자에게만 보상을 함으로써 화폐시스템이 지속될 수 있다.

일반 은행에서는 거래내역이 서버에 도달하는 순서대로 검증하고 원장거래장부에 차례대로 기입하면 된다. 하지만 중앙 관리 시스템이 없는 암호화폐 생태계블록체인에서는 그런 작업을 주도하는 특정 주체가 없는 대신 참여자 모두가 거래내역을 기입할 수 있다. 그렇다고 아무나 거래내역을 원장에 기입할 수 있게 한다면, 모든 참여자가 자신이 원하는 대로 기입하게 되고, 서로 다른 데이터를 가지게 되므로 블록체인 네트워크가 성립할 수 없게 된다. 뿐만 아니라, 불순한 의도를 가진 누군가가 블록에 거짓 정보를 입력하여 퍼트릴 수 있다는 위험도 있다. 따라서 블록에 기입할 수 있는 권한을 부여받기 위해서는 특별한 자격조건을 갖추어야 한다.

여기서 말하는 자격조건이란 컴퓨터를 이용한 계산 능력으로, 컴퓨터를 가동시키기 위해서는 많은 비용전력, 하드웨어 구매비, 관리비 등을 부담해야 한다는 뜻이다. 그러므로 누군가 블록을 조작하고자 할 경우, 조작을 하기 위해 부담해야 하는 비용이 조작을 통해 얻게 되는 이익보다 훨씬 많아지게 된다블록이 체인으로 연결되어 있는 구조적인 특성 때문에. 이는 결과적으로 블록의 조작을 애초에 방지하는 채굴의 핵심 기능이라고 할 수 있다.

채굴 1단계: 네트워크상의 거래내역 수집

금이 화폐의 기능을 가지려면, 땅속에서 캐낸 후에도 사람들 사이에서 교환되어야 한다. 이처럼 암호화폐블록도 가치를 교환하는 거래가 발생해야 화폐로 인정을 받을 수 있다.

특정한 데이터를 교환하는 것을 트랜잭션Transaction이라고 하는데, 암호화폐에서 트랜잭션은 '지불', '거래'라는 의미로 사용된다. 가상공간의 A주소에서 B주소로 데이터를 이동시킬 때 사용하는 의미이다. 우리가 은행에서 돈을 옮기는 계좌이체와 같은 내용이다. 이 트랜잭션은 앞서 설명한 전자서명을 통해서 실행할 수 있다. 예를 들어, 철수의 주소에서 영철이의 주소로 1비트코인을 전송하면 블록체인 네트워크에서는 이것을 트랜잭션Tx으로 인식한다. 즉, 철수의 트랜잭션거래은 영철이의 공개키주소에 1비트코인을 보낸다는 메시지데이터를 해시함수로 암호화하여 블록체인에 전송한다. 그러면 블록체인은 자체적으로 해당 트랜잭션의 유효성을 검증수신자 주소 형식, 송신자의 잔고 증명 등하고, 문제가 없으면 블록체인에 연결된 노드참여자들의 컴퓨터에 트랜잭션을 전달한다.

트랜잭션을 수신한 노드들은 해당 트랜잭션이 유효한지 검증한 후에 유효한 경우에만 자신과 연결된 다른 노드에게 트랜잭션을 다시 전파한다. 이렇게 몇 단계에 걸쳐 반복된 전파를 통해 블록체인에 접속된 모든 노드에는 해당 트랜잭션이 기록된다. 이 단계를 '미승인 거래unconfirmed transaction'라고 부르며 온라인상 거래내역이 공개되어 모든 노드들의 확인이 가능하게 된다.

채굴 2단계: 새로운 블록 생성과 '논스값' 찾기

새로운 블록을 만드는 과정은 블록체인에 참여한 노드컴퓨터들의 컨테스트경쟁 방식으로 진행된다. 이 컨테스트에는 수학 연산력이 동원되기 때문에 수학 컨테스트라고도 한다. 여기에 참여하는 노드참여 컴퓨터는 우선 이전 거래기록의 해시값과 지난 10분간의 거래기록미승인 상태의 거래을 조합하여 새로운 블록을 임시로 생성한다. 그러나 이 조합을 통해 생성된 블록은 임시로 만들어진 가상 형태일 뿐이다. 고유한 '논스값'을 찾아 주어야 한다. 즉 새로운 블록에는 임의의 숫자인 논스Nonce가 첨부되어야 한다.

그 임의의 숫자문자를 찾아내는 것이 수학 컨테스트가 요구하는 작업이다. 이전 해시값과 10분간의 거래기록을 전송받아 임시로 블록을 생성한 노드들은 이 값을 찾아내서 새로운 블록을 사용할 수 있는 권한을 얻기 위해 계산에 돌입한다. 뒤의 그림은 기존의 블록체인에 새로운 블록을 연결시키는 원리를 나타낸다.

즉, 새로운 블록에는 ①이전 블록의 해시Prev Hash + ②지난 10
분간의 거래기록들Tx + ③임의의 숫자Nonce가 조합되어야 한다.

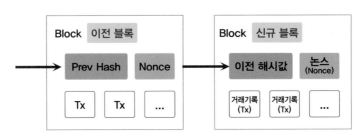

출처: Satoshi Nakamoto(2008). Bitcoin: A Peer-to-Peer Electronic Cash System.

블록에 들어가야 할 요소 중에서 ①이전 블록의 해시Prev Hash
와 ②지난 10분간의 거래기록들Tx은 모든 컴퓨터노드들도 쉽게
전송받아 새로운 블록을 생성할 수 있다. 그러나 '논스'는 누구
에게도 알려지지 않은 것이기 때문에 이 값을 처음 찾아내는 컴
퓨터노드가 해당 블록을 할당보상받게 되는 것이다.

이 때 논스를 찾는 방법은 공식이나 연산법칙을 이용해서 수
학 문제를 푸는 것이 아니다. 미리 정해진 논스의 숫자를 맞추기
위해 정답일 것 같은 모든 수를 일일이 하나하나 대입해서 확인
하는 '노가다 방식'이다. 예를 들어, 0.0000010101010001와 같
은 임의의 숫자를 찾기 때문에 이 작업은 아주 많은 자원을 소모
시킨다. 컴퓨팅 파워도 좋아야 하고 전기도 많이 소모되며 시간
도 많이 걸린다. 마치 넓이 1Km 정도의 백사장에서 검은색 모
래알 하나를 찾는 정도의 난이도를 갖기 때문에 컴퓨팅 파워도
좋아야 하고, 많은 자원을 소모시켜야 한다.

채굴 3단계: 작업증명

새로운 블록의 논스값을 찾은 컴퓨터노드는 네트워크 전체에 해당 논스값을 알린다. 다른 노드들은 전송받은 논스값의 진위 여부를 검증한 후, 자신이 생성한 블록에도 같은 논스값을 첨부한다. 이와 같은 과정을 통해서 네트워크에서 과반수의 승인을 받은 거래내역이 모든 블록에 기록되는 것이다. 이와 같은 과정이 반복되면서 모든 거래기록들은 블록체인으로 누적되고 모두에게 공유되며 변경될 수 없다. 이렇게 블록을 생성하고 검증하여 사슬로 연결하는 방식을 작업증명PoW: Proof of Work, 모든 컴퓨터들의 작업을 통해 거래를 진실로 증명 시스템이라고 한다.

블록체인의 모든 컴퓨터노드에 논스값이 전파되면, 트랜잭션의 유효성을 자체적으로 검증하는 절차를 진행하여 트랜잭션을 승인하게 된다. 이전까지는 미승인 거래로 취급한다. 이는 기존 블록체인에 새로운 블록을 연결하기 위한 사전 단계로서 거래내역의 유효성을 검증하기 위함이다. 유효한 블록만을 블록체인에 연결하기 위해서는 블록체인에 연결된 전체 컴퓨터노드의 과반수의 승인이 필요하다. 그리고 과반수의 승인을 받는다는 것은 다음과 같은 절차를 거치는 것이다.

① 가장 먼저 논스값을 찾은 노드가 다른 노드들에게 해당 논스값을 전송한다.
② 두 번째로 빨리 논스값을 찾은 노드도 다른 노드들에게 찾은 논스값을 전송한다. 이 노드는 자신이 가장 먼저 찾았다고 생각할

지도 모르지만, 다른 노드들에게 이미 어떤 논스값이 전송된 후
라면 자연스럽게 두 번째가 된다.

③ 두 개의 논스값을 전송받은 모든 노드들은 이 논스값을 상호 비
교하여 논스값의 일치 여부를 판단한다. 이렇게 송수신된 논스
값을 상호 비교하는 과정을 거치면서 가장 빨리 6회 이상 일치
되는 값을 찾는다. 노드 간에 6회 이상 가장 먼저 일치된 값이
해당 블록의 논스값으로 인정받고, 그 값을 찾은 노드가 블록을
사용할 권리를 받게 된다. 이것이 작업증명PoW에 의한 블록체인
의 보상방식이다.

채굴 4단계: 지분증명

블록은 거래내역을 승인하는 도구인데, 블록을 상호 체인으
로 연결하는 것을 통해서 위변조가 불가능해진다. 이 때문에 블
록이 화폐로서 인정받게 되므로 블록을 체인으로 연결해 나가는
일이 필요하다.

문제는 블록을 생성하고 체인으로 연결하는 일에는 계속적
인 자원의 투자가 필요하다는 것이다. 따라서 블록체인은 블록
을 완성하여 체인으로 연결하는 참여자노드에게 보상을 한다. 그
한 가지가 앞서 설명한 작업 증명을 통한 블록체인 연결방식이
고, 다른 하나의 보상 방식은 지분증명PoS: Proof of Stake을 통한 방
식이다. 하드웨어 장비를 이용한 채굴방식으로 블록을 연결하는
것이 아니라, 블록체인 참여자가 보유한 블록코인을 빌려 쓰고,
이에 따른 이자수수료를 지급하는 방식으로 블록을 연결해 나가는
것이다. 이것을 지분증명 방식이라고 하는데, 기존 작업증명 방

식의 에너지 낭비 문제와 지분 가치의 문제를 개선하기 위해 시작되었다.

지분증명은 작업증명과 같이 블록체인에 장부를 기록할 권리를 부여하기 위한 매커니즘이다. 작업증명은 채굴자가 보유한 해시 파워연산을 할 수 있는 컴퓨팅 파워가 클수록 당첨확률이 높다. 즉 고성능 채굴기나 많은 그래픽 카드를 동원하는 채굴자가 더 많은 보상을 받게 된다. 지분증명은 채굴자가 보유한 지분블록의 수이 많을수록 블록의 보상을 받을 확률이 높아진다. 블록을 많이 보유한 참여자가 더 많은 거래내역을 기록하고, 이에 대한 보상을 받게 되는 것이다. 그러나 단순하게 블록을 보유하고 있다고 해서 보상을 받는 것이 아니고, 블록을 사용하지 않는 상태Lock로 만들어 증거금Stake으로 제출해야 한다. 거래내역을 기록하는 노드를 24시간 가동해야 블록체인의 보상을 받을 수 있다는 뜻이다.

좀 더 구체적으로 설명하자면, 암호화폐의 거래내역을 기록할 때 블록을 빌려주고 임대 수수료를 받는다는 것이다. 원래 자신이 소유하고 있는 블록에는 다른 사람들의 거래내역을 포함시켜야 할 의무가 없다. 그러나 다른 사람들의 거래내역을 대신 기록하여 줌으로써 임대 수수료를 받는다는 것이다. 즉 지분증명은 내가 소유한 블록을 다른 사람들이 사용할 수 있게 해주고 받는 임대 수수료인 셈이다. 이는 사용자들의 컴퓨팅 자원을 이용하여 거래기록을 처리하는 작업을 하게 함으로써, 그에 대해 지급하는 일정한 보상이라고 생각하면 된다.

채굴량의 감소는 자연스러운 과정이다

채굴이라는 것은 결국 블록을 생성하고 체인으로 연결하는 작업을 말한다. 작업증명 방식을 통한 채굴은 컴퓨터를 통하여 암호화된 어떤 데이터들을 풀어 유효한 블록을 생성하는 것인데, 블록을 생성하고 성공적으로 체인으로 연결한 컴퓨터노드에게 일정량의 블록을 보상해 주는 것이다. 이 방식으로 보상받는 블록코인의 수량은 암호화폐의 생성 프로그램에 따라 한정되어 있고, 일정량 이상을 넘을 때마다 1/2씩 감소되는 특징이 있다. 이러한 이유로 인해 시간이 지날수록 비트코인이나 이더리움 같은 암호화폐의 채굴량은 자연스럽게 감소된다.

같은 일을 하는 데 시간이 지날수록 보상채굴량이 줄어든다면, 일을 하려는 사람도 점차 없어지게 될 것이다. 그럼에도 불구하고 블록체인은 채굴과정을 통해 암호화폐를 지속적으로 제공하는 이유가 있다. 논스값을 찾는 수학 문제는 블록체인의 거래내역 데이터의 위조를 방지하는 데 중요한 역할을 하기 때문이다. 또한 채굴의 보상을 받기 위해 채굴자들은 컴퓨터를 24시간 작동시키게 되는데, 이를 통해서 블록체인은 분산 노드를 24시간 확보할 수 있게 된다. 결국 채굴은 블록체인 네트워크가 안정적으로 작동하도록 하기 위한 필수과정이 되는 것이다.

암호화폐의 채굴과정은 금을 캐내는 일과 매우 비슷하다. 금의 양은 한정되어 있기 때문에 채굴자들이 많아질수록 할당되는 양이 줄어든다. 이런 현상은 시장의 원리에 따라 채굴량이 줄면 가격이 오르고, 채굴량이 늘면 가격이 내려가는 경향과 연동된다. 또한 값이 올라가면 채굴하려는 사람이 늘어나고 값이 떨어지면 채굴하려는 사람이 줄어든다.

최근 암호화폐는 그 기술의 안정성을 인정받아 시장에서 가치를 높게 평가받고 있다. 이러한 영향으로 많은 사람들이 경쟁적으로 채굴사업에 동참하고 있다. 이렇게 해서 암호화폐의 채굴에 많은 채굴기가 달라붙거나 성능이 좋은 채굴기가 등장해 채굴 속도가 빨라지면 논스값을 찾아내는 난이도를 높여 과공급을 조절하게 된다. 현재 암호화폐의 채굴은 대규모의 하드웨어^{채굴기}를 보유한 사업단체에 의해 진행된다.

그러나 채굴 난이도가 상승하고 반감기가 도래하여 생산량이 줄어들면 채산성이 맞지 않아 다수의 채굴자들이 채굴기를 철수할 수도 있다. 예를 들어 채굴자들의 컴퓨팅 파워와 관련이 높은 '해시레이트'[3]는 컴퓨터의 연산속도를 의미하는데, 채굴 난이도가 높아지면 상대적으로 해시레이트가 저하되고, 이는 단위 시간당 생산할 수 있는 채굴량이 줄어듦을 의미한다. 이처럼 채굴 난이도로 인해 채굴량이 계속 줄어들게 되면 많은 채굴자들이 철수하게 되고, 채굴경쟁도 자연히 낮아지게 된다. 그러면 남아 있는 채굴자들의 채굴생산성은 오히려 상승할 수 있고, 이에 따라 암호화폐의 가격은 꾸준하게 상승할 것으로 예측할 수 있다.

암호화폐 채굴방법

   암호화폐 채굴은 컴퓨터 장치를 활용해서 암호화폐를 얻는 방법인데, 어떻게 채굴하는가에 따라 효율이 다르다. 그 방법으로 직접 채굴 방법과 간접 채굴 방법이 있는데, 간접적으로 채굴하는 방법은 위탁 채굴과 클라우드 마이닝으로 구분할 수 있다.

   첫째, 직접채굴이다. 채굴자 자신이 컴퓨터 장치 등을 직접 구입하고, 설치하고, 프로그램을 돌려서 암호화폐를 획득하는 방법이다. 개인이 채굴을 위한 최적의 PC시스템을 직접 구축해서 채굴하는 방식이다. 이 방법은 다른 누군가에게 의존하지 않고, 자율적인 방식으로 채굴이 가능하다는 점, 투자비용이 크지 않다는 점이 장점이다. 다만, 컴퓨터 관련 지식을 가지고 있어야 한다. 또한 현재까지 경험적 보고에 의하면, 개인이 직접 채굴하는 것은 투입대비 산출이 너무 적어 경제적으로는 효율적이지 않다고 한다. 전력소모가 심하고, 장치에서 발생하는 열과 정전기 등으로 화재의 위험이 높고, 이에 대한 개인 투자비용이 높다.

   둘째, 클라우드 방식 채굴에 투자하는 것으로 클라우드 마이닝이라고 한다. 쉽게 말해 클라우드 마이닝은 대형 업체에 투자금을 맡기고, 코인을 채굴하는 '해시레이트'를 구입하는 방식이다. 해시레이트는 채굴기의 컴퓨팅 파워를 의미하는데, 해시레이트가 많을수록 채굴량이 높아지는 원리이다. 투자자는 해시레이트를 구매해 채굴되는 코인을 지급받는다. 돈을 투자하기만 하면 손쉽게 할 수 있다는 장점으로 초보자들에게 빠르게 확산되고 있지만, 유사금융이나 다단계 폰지, 스캠사기와 같은 범죄에 이용당하는 경우가 많다.

셋째, 위탁방식의 간접 채굴이다. 개인이 직접 채굴을 하지 않고, 전문 기업에 채굴기를 구매하여 위탁 관리하는 방식이다. 즉, 투자자들은 자신의 명의로 채굴기를 구입하고, 채굴기의 관리 및 운영을 전문기업에 위탁하는 것이다. 가정용 전기를 사용하지 않고 상업용이나 공업용 전기를 사용할 수 있고, 고장 등 추가로 소요되는 비용 없이 채굴이 가능하다는 장점이 있다. 채굴장마다 전기세나 관리비 등이 다르고, 운영진의 능력에 따라 효과가 천차만별이다. 따라서 위탁할 기업에 대한 정보를 잘 탐색하고 선택해야 한다. 합법적이고 전문적 경영능력을 가진 채굴 기업을 선택할 수 있다면, 가장 이상적인 방법이라 할 수 있다.

3부 암호화폐 실전투자

"실체도 없는 암호화폐로 정말 돈을 벌 수 있을까?"

누구는 비트코인으로 대박이 났다던데……. 또 누구는 이더리움으로 은퇴자금까지 만들어서 조기 은퇴를 했다던데……. 어떤 코인은 수십 배, 수백 배가 올랐다던데…….

주변에서 암호화폐로 큰 재미(?)를 봤다는 사람들의 이야기를 들으면, '혹시 나에게도 그런 일이 가능하지 않을까?' 하는 생각이 들 수 있다. 하지만 이런 생각만으로 충분한 공부와 인내심 없이 급한 마음으로 욕심을 내는 사람들은 암호화폐에 섣불리 투자하지 말라고 당부하고 싶다.

어쩌다 운 좋게 한두 번 돈을 벌었다고, '이거 진짜 할 만한데?' 하면서 멋모르게 투자했다가 나중에는 '제발 원금만이라도 찾자.' 하는 형편으로 상황이 바뀔 수도 있다. 경험 삼아 소자본으로 해보는 건 공부를 많이 하지 않아도 큰 문제없겠지만, 모든 걸 다 걸고 매달리는 건 좋지 않다. 긍정적으로만 보면 잃어도 공부 따도 공부가 될 수 있지만, 공부를 많이 한 사람도 늘 조심하는 게 암호화폐 투자이기 때문이다.

7장
암호화폐 투자하기

미래사회는 우리의 삶에 커다란 변화를 예고하고 있다. 미래사회의 변화에 적응하기 위해서는 새로운 지식이 필요하고, 생활수준에 맞는 자산도 미리 준비해야 한다. 이번 장에서는 암호화폐로 자산을 늘리는 방법과 지키는 방법을 알아보자.

1. 암호화폐 투자

암호화폐를 활용한 투자방법으로는 첫째, 트레이딩Trading이 있고, 둘째, 코인공개ICO 투자 참여가 있다. 트레이딩은 거래소에서 암호화폐를 사고파는 것이고, 신규코인 공개ICO는 개발회사가 새롭게 개발하는 코인의 전반적인 내용을 공개하여 투자금을 유치하는 크라우드 펀딩에 참여하는 것을 말한다.

암호화폐를 보관하는 지갑의 종류

트레이딩이나 ICO에 참여하려면 암호화폐가 있어야 하고, 이것을 잘 보관해야 한다. 이를 위해서는 암호화폐 전용 지갑이 필요하다. 먼저 간단히 지갑의 종류를 알아보자.

1) 콜드 스토리지 지갑: 암호화폐를 외장형 매체에 저장하는 방식

콜드 스토리지 지갑은 암호화폐를 보관하는 하드웨어 지갑이다. 쉽게 말해서 데이터 형태로 존재하는 암호화폐를 물리적인 용기에 보관하는 외장형 하드디스크이다. 휴대가 가능하며 보안 기능이 적용된 암호화폐 금고라고 이해하면 된다. 대표적으로 프랑스에서 개발된 '렛저 나노 에스Ledger Nano S'와 체코에서 개발된 '트레저TREZOR'를 예로 들 수 있다.

콜드 스토리지(Cold Storage)

SNS 전문업체들은 오래된 콘텐츠의 복사본을 백업하기 위해 '콜드 스토리지' 설비를 보유하고 있다. 일반적으로 콜드 스토리지Cold Storage란 전력을 적게 소모하면서 데이터를 활용할 수 있게 설계한 저비용 고효율 시스템을 말한다. 자주 사용되는 데이터를 '핫 데이터Hot-Data', 덜 사용되는 데이터를 '콜드 데이터Cold-Data'로 부르는데, 콜드 데이터는 이용자들의 조회 빈도는 적지만, 필요할 때는 빠르게 찾을 수 있을 것을 요구받는다. 이러한 이유로 '콜드 스토리지'는 거의 대부분 SNS상에서 분리된 상태이며, 하드디스크 기반으로 구축되어 있다.

렛저 나노 에스(Ledger Nano S)

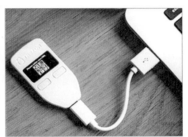

트레저(TREZOR)

실제 콜드 스토리지 지갑을 만들고 활용하는 방법은 8장을 참조하기 바란다.

2) 거래소 지갑

대표적인 국내 거래소로는 코빗www.korbit.co.kr, 코인원www.coinone.co.kr, 빗썸www.bithumb.com이 있다. 또한 규모가 크고 많은 사람들이 이용하는 해외 거래소로는 폴로닉스poloniex.com와 비트렉스bittrex.com를 대표적으로 들 수 있다. 각 거래소마다 홈페이지의 구성 방식이나 UI가 다르고 서버의 용량이 다르기 때문에 거래소마다의 특성을 검색하고 자신에게 맞는 거래소를 선택하는 것이 적절하다. 주요 암호화폐인 비트코인, 이더리움, 리플, 라이트코인, 대쉬를 중심으로 거래하는 초보자들이라면 국내 거래소의 지갑을 만들면 된다. 이외에 다양한 알트코인을 거래하고자 한다면 해외 거래소의 지갑을 만들면 된다. 실제 가상공간의 지갑을 만들고 활용하는 방법은 9장과 10장을 참조하기 바란다.

3) 블록체인 기반의 지갑

블록체인 기반의 지갑은 계정 자체가 없다. 그냥 블록체인의 지갑 주소가 내 주소가 되기 때문에 개인정보 없이 로그인이 가능하다. 대표적인 것을 예로 들자면, 이더리움 블록체인 기반의 지갑인 마이이더월렛MyEtherWallet이다. 이것은 이더리움 블록체인을 기반으로 개발되고, 활용되는 다양한 코인들을 모두 보관할 수 있다. 이더리움 블록체인을 모체로 하는 코인 및 토큰을 위한 전용 지갑이라고 할 수 있다. 마이이더월렛을 만들고 활용하는 방법은 11장을 참조하기 바란다.

사례로 본 암호화폐 트레이딩의 자세

혹자는 주식이나 암호화폐 거래를 '돈 놓고, 돈 먹기'라며 도박이나 복권 긁기와 같다고 생각한다. 이런 생각을 하게 되면 자연스럽게 트레이딩 그래프와 시세만 보면서 '적정한 시기를 잘 찍기'에 몰두하게 된다. 자신의 주식거래 경험을 통한 노하우를 자랑하며 저점매수, 고점매도의 기본 원칙을 지키며 초기투자에 성공하고 재미를 보는 것이다. 그러나 투자금이 점차 늘어나고 주식시장과는 다른 환경적 요인들로 인해 여러 가지 위험 요소들이 생기면 금세 불안을 느끼기 쉽다. 스트레스가 심해지고 일상이 변하게 되는 것이다.

사례1: 주식시장보다 불안한 투기 시장

처음엔 정말 주식과 다르지 않다고 생각했습니다. 좋은 소식 하나에 폭등을 하고, 소식이 없으면 점점 하락하고……. 그런데 다른 점은 가끔씩 알 수 없이 시세가 올라가기도 하고, 내려가기도 해서 예측이 전혀 불가하다는 거였습니다. 또 365일 24시간 항상 변하는 시세 때문에 하루만에 -30%가 될 수도 +100%가 될 수도 있어서 기대 반, 불안 반으로 잠자리에 들 때가 많았습니다. 아침에도 눈을 뜨면 곧바로 스마트폰을 켜서 시세를 확인하고, 하루에도 틈만 나면 스마트폰으로 시세를 확인하다 보니 심신이 아주 피곤해졌습니다.

어떤 분들은 이걸 투자라고 하는데 이게 과연 투자일까 하는 생각도 들고……. 아무리 봐도 아직까지 인프라 구축도 제대로 안되어 있는 것 같고, 이 시세가 어떻게 형성된 것인지 의문도 들고……. 적정가가 얼마인지도 모르는 투기판에서 어찌어찌 수익은 보았지만, 지금은 더 이상 할 짓이 아니라는 생각이 듭니다.

– 어느 암호화폐 트레이딩 경험자

여기서 문제는 아무런 지식이나 정보 없이 함부로 투자를 한다는 데 있다. 트레이딩은 정보력 싸움이라고 할 수 있다. 그래서 돈을 내고서라도 '리딩'을 해주는 '단체톡방단톡방'이나 '밴드'에 참여하는 사람들도 있는데, 이는 주식투자를 할 때 재무재표, 시장분석, 정부규제 사항 등을 꼼꼼히 체크하지 않고, 주식 차트만 분석해서 트레이딩하는 초보자들의 방법이라 할 수 있다.

당장은 쉽게 이익을 볼 수 있을지 모르지만, 시간이 지날수록 그래프 분석에만 종속되어 전체 시장을 볼 수 없게 만든다. 입시 공부에 비유를 하자면, 진짜 공부보다는 찍기를 잘해서 단기에 점수를 높이는 비싼 과외를 받는 것과 같다. 공부는 안 하고 찍기 과외에 의존하면 시험 성적은 반짝 오르더라도 결국 머리에 남는 건 없고, 대학을 진학하거나 취업을 해도 능력이 없어서 누구에게든 늘 의존하는 성향만 키우게 된다.

암호화폐에 투자를 하고 싶다면, 최소한의 기본지식은 가지고 있어야 한다. 자신이 투자하고자 하는 코인에 대해 최소한의 정보는 알고 있어야 하며, 때론 존버[1] 정신처럼 끝까지 기다릴 줄 아는 참을성도 필요하다. 암호화폐의 시세변화를 롤러코스터라고 부르기도 한다.

이런 시세변화를 이용하면 돈을 벌수도 있다. 하지만 자칫 큰 욕심을 부렸다가는 화를 부를 수도 있다. 그래서 투자방법에 대한 공부가 더욱 필요하다. 먼저 코인의 특성과 기술에 대한 청사진인 코인백서를 확인하는 게 가장 기본적인 공부라고 할 수 있다. 또한 트레이딩의 중장단기 그래프와 시세를 복기해보는 것은 물론이고 암호화폐 채굴, 신규 코인 공개ICO, 트레이딩의 상관관계, 즉 블록체인 생태계를 주의 깊게 살펴보는 것도 중요하다.

사례2: 암호화폐 거래시장에서 돈을 잃는 사람의 특징

처음 암호화폐 거래소에 회원가입을 마친 후 소액으로 시험삼아 한 번 올라타 봅니다. 근데 그게 우연찮게 가격이 올라가네요? 돈 벌었네? 나는 초보고 소심하니까 일단 이게 내 통장으로 들어오는지 현금화해서 인출을 시도해 봅니다. "인출이 잘 되네? 괜찮은데?" 소액으로 시작했던 것이 조금씩 커지게 됩니다. 가랑비에 옷 젖듯이……. 물이 서서히 데워지고 있는 냄비 속 개구리처럼……. 조금씩 조금씩 천천히 투자금액이 커집니다. 하지만 그런 운이 계속 따라주면 참 좋을 텐데 그렇지 못한 게 암호화폐 시장입니다. 내가 사들인 가상화폐가 횡보 중이거나 별다른 움직임이 없으면, 다른 코인이 오르는 게 보이기 시작합니다. 부리나케 수수료를 떼고 나와 봅니다. 오르기 시작하는 코인에 올라타 봅니다.^{추격매수} 그런데 응? 오르다가 내려오는 건 뭐지? 궁금해서 관련 커뮤니티를 싹 한 번 둘러보고 정보를 얻습니다. "그래서 그랬구나!" 하면서 이해한 듯 자신을 위로합니다.

다음날, 오늘은 이게 괜찮겠네? 하면서 올라탑니다. 아! 그런데 정보를 얻고 올라탄 코인이 하락하기 시작하네요? 실패네. 그럴 수도 있지 뭐. 다른 걸로 타고 기대를 해보자……. 뭐지? 또 내려가네? 오늘은 이게 오를 거 같고 좀 지나보면 저게 오를 거 같고……. 일단 오늘은 이걸 타보자. 앗! 그런데 저게 오르네? 얼른 손절하고 저걸로 타야지. 잉? 뭐야? 타자마자 가격이 떨어지네? 아, 사고팔면서 나가는 수수료. 어느새 플러스였던 캐시가 마이너스로 돌아가기 시작합니다. 관련 커뮤니티를 돌아보면서 또 다시 정보를 수집해 봅니다. "오늘은 어떤 코인이 호재가 있다."는 소식을 듣고 사람들이 얘기하는 코인에 올라탑니다. 그리고 사람들 말처럼 갑자기 오르기 시작합니다. "오! 오른다! 오른다! 오른다! 아싸!" 하지만 계속 오를 것만 같은 코인이 갑자기 떨어지기 시작합니다. 내리막길에 브레이크가 고장 난 것처럼 익절할 틈도 없이 쭉 내려갑니다. 또 마이너스 됐네? 오르겠지, 다시 오르겠지? 오르겠지.

스스로를 위로하며 하염없이 기다려 보지만 그 코인은 더 이상 반응이 없습니다. 몇백 원……, 몇천 원 정도 일정 구간만을 왔다갔다 할 뿐 내 맘도 몰라준 채 코인은 나 몰라라 합니다. 일은 이미 뒷전이고, 아침이든 점심이든 잠자리에 들기 전이든 코인판만 봅니다. 날 새는 일이 부지기수가 됩니다. 그리고 오늘은 또 어떤 좋은 소식이 있는지 기대하며 다시 카페나 커뮤니티를 돌아봅니다. 그러다 자신처럼 고점에 물린 사람들을 발견. 그들이 스스로 위로하며 하는 말. "나는 팔지 않았으니 아직 손해 본 게 아니다. 존버다." "존버? 존버가 뭐지? 찾아보자. 아, 존나게 버틴다구? 그럼 나도 버텨 보지 뭐." 근데 뜻하지 않게 악재 소식과 함께 예상치 못한 폭락장이 옵니다. "어? 뭐야? 또 떨어지네? 와, 대박. 내 돈이 반토막이 났다. 번 거 다 돌려주고 원금도 까먹다니."

※ 출처: 네이버 블로그가상화폐로 돈을 벌 수 있을까요?/작성자:아스텔

암호화폐의 선택 기준

자, 그렇다면 거래소에서 어떤 암호화폐를 선택하여 투자하는 게 좋을까? 거두절미하고 다음의 3가지를 고려하길 권한다.

첫째, 메이저 국제거래소에 등록되어 있는 암호화폐를 선택해야 한다. 상장된 암호화폐에서도 일 거래량이 많고 가격 상승을 주도하는 코인이 무엇인지 탐색한다. 코인이 상장된 거래소를 선택할 때는 전체 거래순위가 상위권인 코인을 주로 취급하는지, 암호화폐의 종류를 다양하게 취급하는지 확인하도록 한다.

둘째, 개발진이 발행하는 백서나 발표자료 등을 잘 살펴보고 블록체인 기술이 어플리케이션 개발에 적합한 플랫폼인지 살펴

본다. 즉 기술적 기반의 수익성과 환금성을 확인하라는 뜻이다. 대부분의 경우, 기술력이 높으면 가격의 상승추세도 유지되어 수익률도 높아지고 언제나 현금으로 환전할 수 있는 환금성도 좋다.

셋째, 일 거래량이 많아서 유동성도 높고 지속적으로 거래되고 있는 암호화폐인가를 확인한다. 거래소에 등록된 코인이라도 거래량이 너무 적으면 거래소에서 퇴출되기도 한다. 암호화폐는 사용하는 사람이 많고 기술적 비전이 좋다면 가치가 지속적으로 상승하지만, 코인을 활용하는 참여자가 적으면 상장이 폐지되기도 한다.

신규 코인 프리세일(ICO: Initial Coin Offering) 참여

ICO는 기업이 코인을 공개하여 투자금을 확보하는 작업을 말한다. 즉, 개발자가 새로운 암호화폐를 개발하면 투자자들에게 코인을 분배하겠다는 약속을 하고 자금을 끌어 모으는 크라우드 펀딩을 의미한다. 이미 개발이 완료된 상태에서 ICO를 통해 투자를 받고 프로젝트를 진행하는 경우도 있고, 어느 정도 개발이 다 끝난 뒤에 ICO를 통해 투자금을 유치하는 경우도 있다. 성공적으로 ICO를 추진한 개발사는 조달한 암호화폐를 거래소에서 현금화하여 기술 개발에 필요한 자원, 인건비, 각종 운영비로 활용한다.

> ## 사례3: 프리세일(ICO) 성공사례
>
> 대학생 A씨26는 요즘 가상화폐 투자에 성공해 함박웃음을 짓고 있다. 2014년 한 대학 설명회에서 얘기를 듣고 산 '이더리움 Ethereum'의 가격이 수백 배나 치솟았기 때문이다. 당시 A 씨는 또 다른 가상화폐인 비트코인 60만 원어치로 이더리움을 샀다. 자신의 현금을 하나도 동원하지 않고 2년간 수억 원의 수익을 올린 것이다.
>
> ※ 출처: donga.com 뉴스, 2016.04.23 가상화폐 어떤 게 있나 / 황성호 기자

위 사례와 같이 최근 ICO를 통해 돈을 많이 벌었다는 소문이 무성하다. 사실 ICO는 꿈을 보고 돈을 투자하는 것이다. 현재에는 가늠할 수 없는 미래의 기술에 돈을 투자하는 것이기 때문이다. 그래서 ICO에 참여하고자 하는 투자자들은 개발회사의 전문성, 기술의 실용성, 경제적 가치를 판단하고 투자를 결정한다. 그런 다음 코인을 받는 대가로 현금이 아니라 이더리움이나 비트코인 등과 같은 암호화폐를 개발회사에 송금한다. 이렇게 투자금을 암호화폐로 송금하기 때문에 국경에 상관없이 전 세계의 누구나 투자를 할 수 있다. 투자에 참여한 이후 성공적으로 기술이 개발되면 코인을 분배받고, 코인이 거래소에 상장되면 투자자들은 코인을 매도하여 큰 수익을 낼 수 있다. 그러나 개발회사가 코인개발에 실패하면 투자금을 잃게 된다는 위험도 감수해야 한다.

ICO 리스크 및 대처방법

ICO에 참여할 때 가장 중요한 것은 개발하려는 암호화폐에 대한 정보이다. 즉 투자자들은 개발진의 기술적 수준과 암호화폐가 미래에 상용화될 가능성을 살펴봐야 한다는 뜻이다. ICO 투자 시 고려해야 하는 리스크는 크게 3가지가 있다.

첫째, 인재 리스크이다. 현재 암호화폐 시장의 새로운 ICO 프로젝트들은 상당히 높은 난이도와 미션을 목표로 한다. 이에 따라 관련 개발진은 충분한 전문성을 보유해야 하며, 사회적인 소통도 원활하게 할 수 있어야 한다. 개발진들의 평소 인간관계 및 사회적 활동 등은 SNS트위터, 페이스 북 등를 통해 확인할 수 있는데, 개발자들의 인간적 특성이 기술개발 일정에 영향을 주기도 한다.

둘째, 환율 리스크이다. 프리펀딩 시점과 ICO 시점까지 발생하는 코인 간 환율 변동성에서 발생하는 리스크이다. ICO 예정 60~120일 전의 기간은 비트코인이 달러 대비 50% 폭락하거나 폭등하기에 충분한 시간이다. 수익을 위해 투자한 비트코인이나 이더리움의 시세가 ICO 이후 코인이 상장된 시점보다 높아진다면 투자를 하지 않는 편이 수익이 높기 때문이다. 이런 경우가 환율에 의한 리스크이다.

셋째, ICO 리스크이다. 보통 개발회사는 코인 프로젝트를 추진하기 위해 필요한 최소 금액을 정한다. 이는 반드시 정해야 하는 것으로 이를 정하지 않는 것은 사기의 확률이 높거나 설립인의 경영 이해도가 부족한 것으로 볼 수 있다. 어쨌든 ICO를 통해 최소 금액이 모금되지 않으면 프로젝트를 취소하고, ICO를 통해 받은 금액을 전부 환불하게 된다. 이러한 리스크들은 결국 암호화폐의 가치 손실뿐만 아니라 ICO 진행을 위해 기다린 시간에 대한 손실까지 가져온다. 암호화폐의 시장 특성상 시간이 곧 '돈'이기 때문이다. 따라서 ICO에 참여하고자 하는 투자자는 다음과 같은 사항들을 확인해야 한다.

1단계: 백서Whitepaper 정독

백서를 정독하는 것은 ICO의 기본이다. 꼭 확인해야 할 부분은 코인토큰의 개발 목적에 대한 명확한 근거와 발행 방법이다. 탈중앙화인지, 작업증명PoW 방식 또는 지분증명PoS 방식인지에 따라 코인의 활용가치가 달라지기 때문이다.

2단계: 기술개발 일정 체크

대개 ICO 프로젝트의 일정은 몇 개의 진행단계로 구성된다. 각각의 기술 개발 단계별로 필요한 예산이 책정되어 있기 때문이다. 따라서 각 단계마다 편성된 예산은 산출내역이 명확하고 구체적이어야 한다. 또한 코인 개발 일정과 코인의 상장 예정일을 확인해 두어야 한다. 코인 개발 관련 일정은 코인스케쥴www.coinschedule.com에서 확인할 수 있다.

3단계: 소스코드 확인

암호화폐라고 하면 코인을 만드는 프로그램이 오픈되어야 한다. 오픈된 소스일수록 활용도가 높아지며, 참여자가 많을수록 코인의 유통이 원활해지기 때문이다. 프라이빗 코드 또는 과도하게 중앙화되어 있는 플랫폼은 지양해야 한다.

4단계: ICO 발행량의 적절성과 개발자 지분의 확인

ICO를 통해 모금하는 금액의 양은 정확하게 정해져야 한다. 너무 과도한 양의 모금은 좋지 않은 신호다. 또한 발행량의 변화는 가격의 불안요소로 작용한다. 개발자 또는 창업자들이 일정량의 토큰을 보유하고 ICO를 하는 것은 상식이다. 그러나 개발자들이 과도한 토큰을 보유하는 것은 결국 개발자들로 하여금 코인 개발에 대한 동기를 잃게 만드는 요소가 되어 개발 의지가 약해질 수 있다.

5단계: 코인에 대한 다각적인 정보 수집

신뢰할 수 있는 전문가들의 백서에 대한 검토의견을 청취하고, 투자관련 커뮤니티에서 다양한 의견을 수집하는 것도 필요하다. 다양한 의견을 수집하는 이유는 제시된 의견을 참고하기 위한 측면도 있지만, 시장의 반응을 미리 예측할 수 있다는 점에서도 중요하다.

6단계: 마케팅 및 홍보에 대한 진단

토큰의 기능적인 부분을 제대로 이해하고 마케팅하는지 확인할 필요가 있다. 백서를 통해 공개된 기술에 대해서 상식적인 수준에서 마케팅과 홍보가 이루어지면 ICO는 성공할 수 있다. 과도하게 기대심리를 자극하는 광고나 참여를 유도하는 글이 넘치는 것은 경계해야 할 것이다.

ICO 투자 시 유의사항

ICO를 통한 암호화폐의 투자 효과는 코인 개발이 완료되어 코인을 수령한 이후에 확인할 수 있다. 따라서 거래소에 코인이 상장되어 거래를 통해 현금화시킬 수 있을 때까지는 장시간이 소요된다. 짧게는 6개월부터 2년 정도의 긴 시간 동안 투자금을 활용할 수 없다는 뜻이다. 사실, 암호화폐가 개발되는 초창기에는 ICO 투자에 참여하기만 해도 수십 배, 혹은 수백 배가 넘는 시세 차익을 얻기도 했다. 그러던 중에 수많은 사기scam 코인들이 만들어졌고, 아직도 많은 ICO 중에 사기 코인이 만들어지기도 한다. 백서를 대충 만들고, 그럴듯한 홈페이지를 만들어서 코인 투자자들을 유혹하는 것이다. 따라서 ICO는 코인에 대한 정보를 완벽히 체크해야 한다. 개발자들의 이력과 백서의 내용은 물론 전체 환경과 다른 투자자들의 반응도 비교해야 할 필요가 있다.

2. 암호화폐 자산 지키기

이제 암호화폐는 '고수익'의 대명사가 되었다. 그러나 암호화폐를 활용한 투자에도 그늘은 존재한다. 단순히 암호화폐의 가격이 떨어져서 원금을 까먹는다는 뜻이 아니다. 최근, 암호화폐 투자에서 피해를 경험한 사람들의 커뮤니티가 늘고 있다. 대표적인 인터넷 사이트로 '겟백코인get back coin'이 있다. 암호화폐와 우리 현실의 틈새를 비집고 발생하는 불법·탈법행위의 피해자들이 모인 커뮤니티다. 문제는 이런 피해의 당사자가 이 책을 읽는 당신일 수도 있다는 점이다. 여기에서는 암호화폐와 관련된 사기에 대해 알아보겠다.

암호화폐 투자 피해 사례

암호화폐에 투자하기 위해서는 어떤 것이 진짜고 가짜인지 가리는 수고가 필요하다. 다양한 정보를 수집하고, 분석하고 예측하는 등 어떤 것이 진짜 수익으로 연결될지 꼼꼼히 따지고 살펴야 한다. 코인의 특성과 전망을 공부하기도 바쁜데, 진짜와 가짜를 판별하는 것까지 살펴야 한다면 상당히 귀찮고 짜증스러울 것이다. 그러나 최근 암호화폐 투자와 관련한 피해 사례가 늘어나고 있는 만큼 사기를 당하지 않으려면 스스로 조심하고 또 조심하는 수밖에 없다.

언론에 보도된 피해 사례의 유형을 정리해 보면 크게 3가지로 분류할 수 있다. 첫째, ICO 관련 사기, 둘째, 거래소 운영 관련 사기, 셋째, 투자 대행사와 관련된 사기가 그것이다. 아래에서 암호화폐와 관련된 피해 사례를 정리한 보도자료를 통해 구체적인 내용을 확인해 보자.

ICO가 뭔가. "ICOInitial Coin Offering · 신규 가상화폐 공개는 주식으로 치면 '장외주' 같은 개념이다. 신규 코인을 발행할 회사주로 벤처회사가 기존의 가상화폐로 투자금을 조달하는 방식인데, 주로 다단계 형태를 띠고 있다. ICO가 문제인 이유는 일반인도 꾸며내기만 하면 ICO 관련 회사를 만들 수 있다는 것이다. 법인이 영업을 하고 주식을 발행하기 위해선 금융당국의 엄격한 심사와 허가가 필요하지만, ICO는 IT 전문가만 있으면 별도의 허가 절차 없이 만들 수 있다. 또 일정 비용을 내고 코인을 거래소에 상장하기만 하면 바로 판매도 가능해 무분별한 ICO 관련 회사가 등장하기 쉽다. 이렇게 허술하게 설립된 회사는 나중에 제대로 된 사업을 진행하지 않고, 잠적하는 경우가 많다. 회사 사업주가 '나 몰라라' 해도 법적 책임을 물을 수 없다."

거래소 운영방식의 문제란 뭔가. "거래소 서버 보안 취약이 가장 큰 문제. 거래소가 해킹당해 개인정보가 유출되어 자기도 모르게 코인을 다 날린 경우다. 거래소가 해킹에 대비해 들어 놓은 손해보험이 만료되었음에도 이를 갱신하지 않고 있었다. 매도매수 시 갑자기 서버가 느려지거나 먹통이 돼 손해를 보는 경우도 있다. 매도

시 홈페이지상에 뜨는 '호가呼價 창'에도 문제가 있었다. 가령 2만 원에 매도를 하려고 했는데 호가창에 1만 8,000원이 떠 손해를 본 피해자도 있다. 2만 원에 매도를 클릭했으니 투자자 입장에선 당연히 2만 원으로 알겠지만 실제로는 아니었던 거다. 얼마 전 한 거래소가 신입사원 공채 지원서를 홈페이지에 올려 놓은 적이 있었다. 알고 보니 바이러스에 감염된 파일이었다."

투자대행사 사기란 뭔가. "투자대행사를 차려 투자자를 모집한 뒤 가상화폐의 시중가보다 몇 %를 더 얹어주겠다는 식으로 유혹한다. 그 후 투자금만 받고 '먹튀'하는 수법이다. 시장의 상황에 따라 수익이 떨어질 수 있는데, 투자대행사는 '고수익 배당' 운운하며 투자자를 기만한다."

※ 출처: 주간조선 [2476호] 2017.09.25

위에서 제시된 피해 유형 중 두 번째로 제시된 거래소 운영 관련 피해는 그나마 거래소를 상대로 피해 보상을 요구할 수 있다. 일이 잘못되면 지푸라기라도 잡을 수 있다는 얘기다. 그런데 심각한 문제는 첫째, ICO투자와 셋째, 투자대행사의 경우다. 사기를 당하게 되면 현재로서는 구제할 수 있는 방법이 없기 때문에 온전히 투자자가 책임을 져야 한다. 따라서 고수익 고위험이라는 진리를 잊지 말고 돌다리라도 두드리고 또 두드려야 한다. 암호화폐와 관련된 사기 유형과 판별법에 대해서 알아보자.

암호화폐 투자 사기의 원인

"진리를 알지니, 진리가 너희를 자유케 하리라요 8:32." 성경의 말씀이다. 이 말이 아니더라도 진짜를 알면 얼마든지 가짜를 구별해 낼 수 있다. 진짜에 대한 올바른 기준을 정확히 알고 있다면 가짜를 가리는 건 누워서 떡먹기나 다름없기 때문이다. 사기는 탐욕, 무지함, 맹목적 믿음이 결합된 결과물이다.

먼저, 탐욕이 원인이 되는 사기를 보자. 사실 욕심은 사람의 가장 기본적인 본성이라고 할 수 있다. 욕심이 있으니 사는 것이다. 욕심의 본래의 뜻은 '하고 싶은 마음욕구'이다. 욕구가 있어야 뭐라도 할 수 있는 것이다. 문제는 그 욕심이 과도해져 집착을 만드는 탐욕의 상태이다. 탐욕은 정도를 넘어선 욕심으로, 조절하기가 상당히 어렵다. 돈을 많이 벌게 해준다는 것에 대해 마음이 움직이는 것. 그것은 어쩌면 너무나 당연한, 누구나 가질 수 있는 마음이라고 할 수 있다.

그러나 끝이 없는 욕심, 만족할 줄 모르는 탐욕은 결국엔 의도하지 않은 비극을 몰고 온다. 배가 부름에도 불구하고, 음식이 너무 맛있거나 지금이 아니면 기회가 없다고 계속 먹으면 탈이 나는 것처럼……. 음식이든 투자든 이만하면 충분하다는 마음을 가질 수 있어야 멈출 수 있고, 멈춰야 할 때 멈춰야 탈이 나지 않는다. 그러나 다른 누군가 그 마음을 만들어 줄 수는 없다. 스스로 억제하고 조절할 줄 알아야 한다.

둘째, 무지함이 원인이 되는 경우다. 원래 사기라는 것이 누가 봐도 뻔한 거짓말이면 당할 이유가 없다. 사기가 단순한 흑백논리, 즉 명백한 2분법이라면 누구든 가려낼 수 있겠지만, 사기는 범위나 정도만 조금 다를 뿐 진짜와 너무나 흡사하기 때문에 가려내기가 어렵다. 흑과 백은 쉽게 가릴 수 있지만 흑에 가까운 것이 있고, 백은 아니지만 백에 가까운 것이 있다면 우리는 그것을 흑이나 백으로 받아들일 수 있다는 뜻이다. 마찬가지로 사기도 사기가 확실한 것부터 사기가 아닌 것 같은 것까지 매우 다양한 모습으로 나타난다. 이것을 구분하는 확실한 방법은 진짜, 즉 백이 무엇인지 분명히 아는 것이다. 진짜가 무엇인지를 정확히 알면 나머지는 모두 가짜라는 것을 알 수 있다.

실제로 사기꾼은 진짜 정보와 믿기지 않은 사실을 설명하면서 그럴듯한 거짓말을 섞는다. 특히 최첨단 기술을 활용한 사기에서는 좀 어려운 지식을 먼저 제시하고, 쉽게 풀어 설명하는 과정에서는 일반 상식에 맞는 내용으로 풀이해 준다. 그리고 현실에서 실제 적용되고 있는 것을 위주로 말하면서 세부적인 부분에서 아주 조금씩 다른 부분을 이야기한다. 그러나 어떤 응용된 상황에서도 원칙과 기준에 비추어 판단하면 된다. 한 치라도 벗어나면 거짓으로 판단하는 엄격한 주관을 가지면 되는 것이다. 이런 능력은 관련 지식을 공부하면 저절로 기를 수 있다. 무지함에서 벗어나는 것만이 사기를 당하지 않는 최선의 방법이다.

셋째, 맹목적 믿음이 원인이 되는 사기다. 사기는 먼저 입소문을 타고 접근한다. 종교, 직장, 친구, 친척 등 평소의 신뢰관계를 이용해서 '돈이 되는 정보'를 알린다. 정보를 알려주는 사람을 신뢰하기 때문에 상대는 정보의 내용프로그램을 의심하지 않게 된다. 따라서 돈이 관련된 정보를 전달받을 때, 중요한 것은 그 사람에 대한 신뢰가 아니라 그 사람이 전달한 정보가 사실인지 아닌지, 그 정보를 신뢰할 것인지 신뢰하지 않을 것인지를 판단해야 한다. 사기를 당하는 것은 그 사람과의 평소 관계를 믿고, 내용을 검증하지 않기 때문이다. 사람에 대한 믿음이 내용에 대한 맹목적 믿음으로 확대되는 것이다. 그러므로 전달받은 내용에 대해서는 관련 정보를 다양하게 수집하고, 전달한 사람과 소통하면서 상호 확인해 보는 절차를 거쳐야 한다.

암호화폐와 관련된 사기의 종류와 대처

1) 중개자가 있는 P2P거래 또는 코인 대출을 통한 투자 유도

이 경우 인터넷에 암호화폐의 전망이나 기술 및 특성에 대한 정보를 친절하게 안내한다. 각종 정확한 데이터를 제시하고 확인할 수 있는 사이트 주소까지 제시한다. 여기에 코인 구입 신청 방법까지 알기 쉽게 안내해 준다. 그러나 구입 신청을 받는 곳이 코인을 거래한 개발회사가 아닌 사람이거나 제3의 업체라면 이것은 틀림없이 잘못된 방식이다. 블록체인을 활용한 P2P는 거래를 직접 하는 게 원칙이다. 중간에 누군가가 끼어 있다는 것은 원칙에서 벗어난 거래이다. 또한 P2P 거래는 일단 진행하면 되돌릴 수 없다. 만약 잘못되면 되돌려주겠다고 한다면 그것은 100% 사기다.

거래소에서 대출을 해주는 것이 아니라 특정 개인이나 투자회사 명의로 대출이 가능하다는 배너나 메일을 받는 경우도 있을 것이다. 하지만 코인은 대출해 주거나 받는 것에 대한 안전장치가 없다는 사실을 항상 명심해야 한다. 개인이나 투자회사들이 코인 대출 사이트를 통해서 신청자를 모집하고 대출 보증금을 송금하면 사라지는 경우가 비일비재한데, 법적 규제나 제도적 보장이 없기 때문에 전적으로 개인이 책임져야 한다.

2) 투자 전문 사이트의 홍보

투자 전문 회사를 내세우는 사이트는 대부분 자신만의 비법을 보유하고 있다고 홍보한다. 비공개된 전매특허, 투자 및 차액 거래 방법을 개발했다면서 이것이 전문성이라고 홍보한다. 또 특별한 투자자들에게만 공개하는 것이라고 하면서, 다른 사람들은 잘 모르는 내용이니 주변에 확인까지 해보라고 한다. 신뢰감을 높이기 위해 유명 브랜드 투자 회사들과의 협약 체결 등에 관한 자료를 공개하고, 투자를 하면 고수익을 보장한다며 절차와 방법을 친절하게 안내한다.

한 번쯤은 들어봤을 것 같은 최첨단 '트레이딩 봇'이나 '인공지능' 명칭을 첨가하여 이것이 회사의 특별한 알고리즘 비법이라고 설명하고, 이를 통해 차액거래가 가능하다고 안내한다. 사람은 해내지 못하는 대량의 데이터를 봇이나 인공지능을 통해 거래 그래프로 분석해서 100% 수익을 낼 수 있다고 하는 것이다. 트레이딩 봇이나 인공지능이 다수의 계좌의 자금으로 하루에도 몇천 번씩 투자를 실행한다고 한다.

언뜻 보면 모두 혹하기 쉬운 전형적인 사기 방법이다. 그러나 실제로 이렇게 거래를 할 경우 2가지 문제에 봉착하게 된다. 첫째, 거래마다 부가되는 수수료는 어떻게 감당할 것인가 하는 문제다. 둘째, 거래량이 폭주하기 때문에 전산시설의 투자비용이 높게 발생한다는 것이다. 보통 투자회사의 회원은 백에서 천 단위의 인원이다. 회원의 계좌가 대량이라는 것이다. 이에 따른 거래량 자체가 엄청나기 때문에 컴퓨터의 처리속도 등 기술적으로 요구되는 것이 큰 부담이 된다. 그리고 블록체인상에서 발생하는 거래내역은 실시간으로 모두 확인할 수 있다.

이런 특성으로 실제 거래가 존재하는지 여부에 따라 투자행위의 진위를 판단할 수 있다. 그들이 말하는 거래량이 블록체인상에 존재하지 않는다면 그것은 거짓이다. 또 100% 수익을 보장하지만, 모든 거래에는 예상치 못한 변수가 발생한다. 이에 대한 대응 매뉴얼이 없다면 전문성이 없다는 것이다. 만약 투자회사가 말하는 대로 100% 수익을 낼 수 있는 딜러라면 왜 힘들여서 투자자를 모집할까? 투자회사에서 투자자를 모집하는 것 자체가 위험을 분산시킨다는 것이다. 따라서 100% 수익을 보장한다면 그것은 100% 사기다.

3) 고수익 투자 프로그램 사기

폰지, 피라미드, 다단계 사기 등이 해당된다. 이런 사기들의 특징은 차익거래나 트레이딩으로 수익을 낸다고 선전한다. 사실은 프로그램에 새로 진입하는 사람들의 자금으로 수익 배분을 하는 것이다. 따라서 고수익 투자 프로그램HYIP: High Yield Investment Program은 프로그램의 합리성, 기업의 정직성을 판별하는 능력이 필요하다. 프로그램 운용사와 프로그램에 대한 정보를 제대로 검토, 분석할 수 있는 안목이 있어야 한다는 것이다. 해당 프로그램마다 특성과 내용이 다르기 때문에 공통으로 적용하기는 어렵지만 간접적인 기준을 5가지 제시하면 다음과 같다.

첫째, 배당이자가 비상식적으로 많다. 원금을 제외한 이자가 하루에 2% 이상, 1주일에 15% 이상 또는 10일에 20% 이상을 보장한다면 신중하게 판단하라는 뜻이다.

둘째, 추천 수당이 높다. 소개비추천수당로 10%~15%를 보장한다면 새로운 투자자가 들어와야 이자가 나오는 방식일 수 있다. 새로운 투자자를 많이 유치하기 위해 추천인에게 과도한 소개비를 지급하고 있다면 신중한 판단이 필요하다는 신호다.

셋째, 프로그램 운영 사이트가 조잡하다. 투자자들과 운영자들을 직접 연결하는 홈페이지가 조잡하고 이용에 불편하다면 확인이 필요하다는 의미이다. 폰지를 위해 만들어진 홈페이지는 웹사이트 디자인과 내용을 실제 활용 측면에서 생각하고 만들지 않을 확률이 높다. 따라서 기존의 홈페이지를 카피했거나, 이미 만들어져 있는 템플리트template를 활용하여 만든 홈페이지는 아닌지 검토해야 한다. 좋은 엔진, 프라이빗 도메인, 기능적 디자인, 편하고 효과적인 피드백, 상호 소통이 가능한 기능은 창설자의 정직함을 표현하지는 못해도 최소한 투자자들과의 소통에 신경을 많이 쓰고 있으며 돈을 들이고 있다는 것을 보여준다.

넷째, 전문적인 포럼의 존재 여부다. 정상적인 고수익 프로그램은 그 내용이 전문적인 경우가 많다. 따라서 보통 수많은 경험을 보유한 투자자들이 참여하는지 확인해볼 필요가 있다. 포럼을 통해서 프로그램의 단점을 알 수도 있고, 기존 투자자들의 의견을 들을 수도 있기 때문이다. 공개적인 정보의 소통이 없는 프로그램이라면 눈감고 길을 가는 것이 아닌지 의심해야 한다. 포럼이나 세미나에 반드시 등록을 해야 하고, 참석해야만 정보를 얻을 수 있다고 하는 경우도 의심을 해봐야 한다. 포럼에서의 소통은 자유롭고 공개적으로 이루어져야 한다.

다섯째, 투자금 회수에 대한 방법이다. 투자 이후 환경이 변하거나 생각이 바뀌어 투자금을 회수하고 싶을 때 그 절차의 합리성을 확인해야 한다. 그래서 관련 프로그램의 피해자들이 만든 커뮤니티가 있는지 조사해 볼 필요가 있다. 피해자가 존재한다는 것은 투자금 회수 등에 문제가 있다는 뜻이다.

4) 상식을 넘는 홍보 사기

암호화폐에 대한 투자 유치를 위해 투자 대상에 대한 정체성을 유난히 강조하는 경우가 있다. 그러나 암호화폐가 분명하다고 주장하는 코인이라도 명확한 기준을 가지고 확인해 볼 필요가 있다. 암호화폐가 되려면 반드시 갖추어야 할 요소가 있다. 첫째, 탈중앙화, 둘째, 프라이버시, 셋째, 무제한 사용, 넷째, 통제된 공급, 다섯째, 블록체인이라는 공개된 장부의 투명성, 여섯째, 공개된 소스코드가 이에 해당된다. 이런 요소들을 갖춘 코인은 군이 암호화폐라고 강조할 이유가 없다.

또한 코인의 가치를 과도하게 홍보하는 경우가 있다. 이는 필수 조건은 갖추었지만, 아무런 가치가 없는 코인일 경우가 많다. 일명 잡코인, 쓰레기코인 또는 똥코인이라고 하는 것들이다. 암호화폐는 소스가 공개되기 때문에 소스를 복사해서 조금만 바꾸어 놓으면 새로운 코인을 만들 수 있다. 문제는 그 코인으로 진정한 시장을 만들 수 있는지가 관건이다. 따라서 개발 후에도 암호화폐로서의 가치를 창출하기 위해 지속적으로 노력해야 한다. 그러나 코인만 복사해서 만들어 놓고, 여기에 투자하면 가치가 올라갈 것이라는 장밋빛 전망만 내어 놓는 경우가 있다. 이런 화폐에 투자하면 쓸모없는 코인만 잔뜩 받게 되어 쓰레기통에 버릴 날만 기다려야 한다.

암호화폐 투자의 골든 규칙

다음은 암호화폐에 투자하는 사람이라면 누구나 말할 수 있는 일반적인 규칙이다. 특별한 것은 아니지만 반드시 지켜야 할 기본적인 규칙이라는 뜻이다. 이 기본을 지키지 못해서 소중한 자산을 잃는 사람들이 많다. 골든 규칙을 지켜야 리스크를 줄이고, 이익을 늘리며, 도중에 사기를 당하지 않을 수 있다.

첫째, 자신의 능력만큼 투자한다. 생활비나 급하게 지불해야 할 돈으로 투자해서는 절대 안 된다. 최소 6개월 이상 쓰지 않아도 되는 돈, 곰팡이가 피어나도 좋을 돈이라면 좋다. 여윳돈이 종자돈이다.

둘째, 욕심을 부리지 않는다. 자신이 정한 목표값에 이르면 기다리지 말아야 한다. 암호화폐 시장은 예측이 안 되고 급격한 변동성이 있다. 수익목표에 도달하면 미련을 갖기보단 과감해져야 한다. 대신 다시 떨어질 때 구매하면 된다. 그러나 분명히

100% 수익이 날 수 있는 저점이라도 대출을 해서 투자해선 안 된다. 대출이자보다 수익률이 크다고 시간싸움을 하다간 모든 것을 잃기 쉽다.

셋째, 관심이 가는 코인에 대해서 자세히 분석한다. 코인에 대한 정보를 지속적으로 조사하고 분석해야 사기를 당하지 않는다. 여기저기서 들리는 소문만 믿고 투자를 결정하는 것은 투기가 되고, 투기하는 사람은 본의 아니게 사기를 치게 된다. 자신이 모르면서 다른 사람에게 권유하게 되기 때문이다. 반대로 스스로 공부하지 않고, 생각 없이 투자해서 투자금을 날리는 사람은 정보를 준 사람을 사기꾼으로 만들게 된다.

8장
콜드 스토리지 지갑 활용하기

콜드 스토리지 지갑은 암호화폐를 보관하는 하드웨어 지갑이다. 현재, 우리가 컴퓨터의 데이터나 파일을 휴대용 USB메모리에 담는 것과 같은 원리이다. 이 장에서는 현재 시중에서 쉽게 구할 수 있는 Ledger Nano S에 대한 활용법을 설명하겠다.

1. 렛저 나노 에스(Ledger Nano S) 초기 설정

Ledger Nano S를 사용하려면 인터넷이 연결된 PC에서 조작해야 한다. PC에 인터넷이 연결된 상태인지 먼저 확인하자.

1단계: PC와 Ledger Nano S를 USB 케이블로 연결
Ledger Nano S에 USB 케이블을 꽂아 PC에 연결하면 전원

이 들어온다. 아래와 같이 화면에는 ① 환영Welcome, ② 버튼 두
개를 눌러서 시작하기Press both buttons to begin라는 2가지 메시지가
반복해서 점멸된다.

메시지 ①: Welcome   메시지 ②: Press both buttons to begin

2단계: Ledger Nano S 장치 시작

위와 같은 메시지가 반복해서 점멸되면, Ledger Nano S 윗
부분에 있는 ① 좌우 버튼을 동시에 누른다. 화면에는 좌우 버튼
사용에 대한 안내가 간략하게 나온다. 문장이 길어서 화면이 3
번 바뀌면서 내용이 제시된다. 다시 한 번 ② 좌우 버튼을 동시
에 누른다. 화면에는 새 장치로 설정할 것인지를 묻는 질문이 표
시된다.

① 좌우 버튼 동시에 누르기   ② 좌우 버튼 동시에 누르기

위 '좌우 버튼 동시에 누르기 ②'에서 처음 설정하는 것이므로
∨ 표시가 있는 위쪽 버튼오른쪽을 누른다. 화면이 다음과 같이 바
뀐다.

3단계: Ledger Nano S에 PIN 코드 입력하기

여기서부터는 Ledger Nano S에 PIN 코드 암호를 설정한다. PIN 코드는 중요한 암호로 입력하고 절대 잊으면 안 된다. PIN 코드를 잊어버리면 Ledger Nano S를 사용할 수도 없고, 복구할 수도 없다. 잊지 않도록 메모지에 기록해 두길 바란다.

① PIN 코드 입력 메인 화면　　　② PIN 코드(숫자) 입력 화면

③ PIN 코드(숫자) 입력 종료 화면　　④ PIN 코드(숫자) 입력 확인 화면

먼저, '① PIN 코드 입력 메인 화면'에서 좌우 버튼을 동시에 누른다. '② PIN 코드숫자 입력 화면'으로 바뀌면 PIN 코드숫자를 입력한다. 숫자는 최소 4자리에서 최대 8자리까지 본인이 원하는 자릿수로 입력할 수 있다. 처음 숫자는 '5'가 표시되어 있다. 좌우 버튼으로 숫자를 선택하고 결정되면 좌우 버튼을 동시에 누른다.

예를 들어, 6473으로 설정해보자. 화면에 '5'가 있으니 6을 만들려면 오른쪽 버튼∧가 표시된 쪽의 버튼을 한 번 누른다. 숫자가 '6'으로 바뀐다. 원하는 6이 나왔으니, 좌우 버튼을 동시에 누른다. 6자는 '■'로 바뀌고 다음 칸에 다시 '5'가 표시된다. 두 번째 자리에는 4를 입력해야 하므로 왼쪽 버튼∨가 표시된 쪽의 버튼을 한 번 누른다. 숫자가 '4'로 바뀐다. 만족하는 숫자가 나왔으니 좌우 버튼을 동시에 누른다. 다음에 있는 '7'은 오른쪽 버튼을 두 번 누르고, '3'은 왼쪽 버튼을 두 번 누르면 된다. 원하는 숫자가 나오면 좌우 버튼을 동시에 누르면 된다. 만약, 먼저 지정한 앞부분 숫자를 변경하고 싶다면, 왼쪽이나 오른쪽 버튼을 '0'까지 누르고 다시 한 번 더 누르면 '⊗'가 나타난다. 이 때 좌우 버튼을 동시에 누르면 앞에 입력했던 숫자가 지워지고 다시 '5'자가 표시된다.

초기화 되었으니 다시 숫자를 설정하면 된다. 이와 같이 4개의 숫자를 모두 입력하면 '③ PIN 코드숫자 입력 종료 화면'이 나타난다. 여기서 4자리 이상의 숫자를 설정하고 싶다면 왼쪽이나 오른쪽 버튼을 한 번 더 누르면 '5'가 나타나 숫자를 입력할 수 있게 된다. 자신이 원하는 자릿수로 입력이 되면 좌우 버튼을 동시에 눌러 입력을 완료한다. PIN 코드 입력이 1차 완성되면, 확인을 위해 '④ PIN 코드숫자 입력 확인 화면'이 나타난다. 다시 한 번 입력했던 PIN 코드를 입력한다. 정확하게 입력하면 PIN 코드 입력이 끝난다.

4단계: Ledger Nano S를 복구하기 위한 리커버리 단어 입력하기

다음은 Ledger Nano S를 복구하기 위한 키워드 24개의 단어를 종이에 기입하는 것이다. Ledger Nano S를 분실했거나 파손, 도난을 당해도 PIN 코드와 24개 리커버리 단어만 있으면 실시간으로 즉시 복구할 수 있다. 따라서, 24개 단어는 안전하게 잘 보관해야 한다.

① 리커버리 단어 입력 메인 화면

② 리커버리 첫 번째(#1) 단어 화면

③ 리커버리 마지막(#24) 단어 화면

④ 리커버리 단어 재확인 화면

먼저, Ledger Nano S 제품 박스에 동봉되어 있는 리커버리 종이아래⑧ 리커버리 단어표 참조를 준비한다. 다른 메모지 등을 활용해도 좋지만, 번호와 단어를 함께 기록해 두어야 한다. '① 리커버리 단어 입력 메인 화면'에서 좌우 버튼을 동시에 누른다. '② 리커버리 첫 번째#1 단이 화면'이 표시된다.

24개의 단어가 화면에 하나씩 표시되는데, 두 번째 단어를 보려면 오른쪽 버튼을 눌러 이동한다. 차례대로 화면에 표시되는 단어를 모두 종이에 적는다. 이때 반드시 해당 번호에 맞는 단어를 적어야 한다. 여러 번 확인해서 단어가 맞는지, 오탈자는 없는지 꼭 확인한다. '③ 리커버리 마지막#24 단어 화면'과 같이 24개를 모두 적었으면, 좌우 버튼을 동시에 눌러 다음으로 진행한다. 다음은 24개 단어를 맞게 적었는지 재확인하는 단계이다. '④ 리커버리 단어 재확인 화면'에서 좌우 버튼을 동시에 누른다.

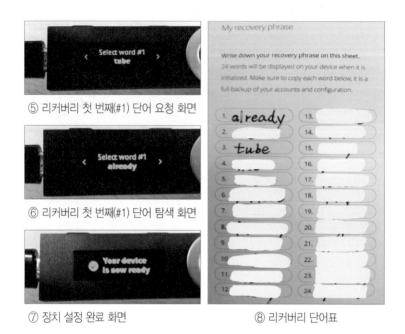

⑤ 리커버리 첫 번째(#1) 단어 요청 화면

⑥ 리커버리 첫 번째(#1) 단어 탐색 화면

⑦ 장치 설정 완료 화면

⑧ 리커버리 단어표

화면이 바뀌면 리커버리 단어를 확인하는 화면이 표시된다. '⑤ 리커버리 첫 번째#1 단어 요청 화면'은 첫 번째#1 단어를 찾으라는 요청인데, 주어진 단어는 'tube'이다. 받아 적어 두었던 '⑧ 리커버리 단어표'를 보면 'tube'는 세 번째#3 단어이므로, 첫 번째#1단어로 설정하려면 왼쪽 버튼을 두 번 누른다. '⑥ 리커버리 첫 번째#1 단어 탐색 화면'과 같이 'already'가 나오면, 요청 사항에 맞추었으므로 탐색을 끝낸다. 다시 좌우 버튼을 동시에 누른다. 이 과정을 2~3회 정도 동일하게 진행하게 된다. 정확하게 탐색을 마치면 프로세싱Processing…이란 메시지가 나오고, '⑦

장치 설정 완료 화면'이 표시된다. Ledger Nano S 사용전 설정
이 모두 완료된 것이다.

5단계: PC에 Ledger Manager 설치하기

Ledger Nano S를 사용하기 위해서는 PC와 Ledger Nano S
본체에 각각 전용 앱프로그램을 설치해야 한다. 먼저 PC에서 크
롬을 실행하여 Ledger Manager를 설치한다. 아래 화면을 따라
직접 설치해 보자.

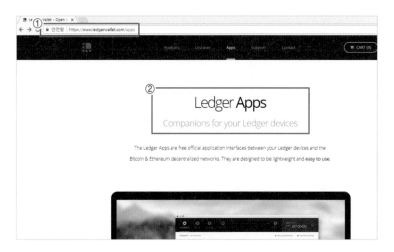

①크롬을 실행시킨 후, 주소창에 'https://www.ledgerwallet.
com/apps'를 입력하고 엔터를 친다. 화면이 바뀌어 Ledger
Wallet 홈페이지가 열린다. 화면은 위와 같이 ②'Ledger APPS'
가 열린다. 아래와 같은 화면이 나타날 때까지 마우스를 스크롤
하여 화면을 아래로 내린다.

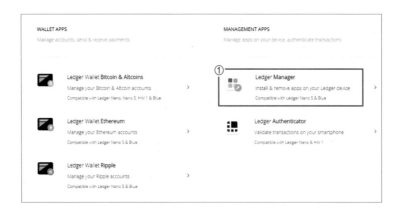

위 화면이 나타나면, ①'Ledger Manager'를 클릭한다. 화면
이 바뀐다.

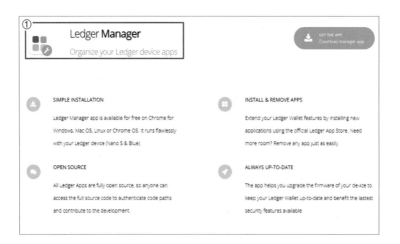

화면이 바뀌면 ①'Ledger Manager'화면이 열렸는지 확인한
다. 화면이 맞으면 마우스의 스크롤을 아래로 당겨 내린다. 아래
와 같은 화면이 나타날 때까지 화면을 내린다.

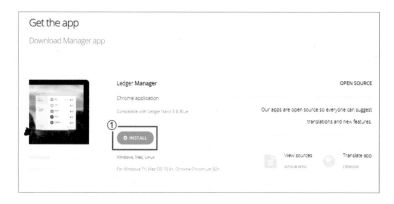

Get the app

Download Manager app

Ledger Manager   OPEN SOURCE

Chrome application

Compatible with Ledger Nano S & Blue   Our apps are open source so everyone can suggest
                                                    translations and new features.

① ● INSTALL

Windows, Mac, Linux   View sources   Translate app

For Windows 7+, Mac OS 10.9+, Chrome/Chromium 50+   GITHUB REPO   CROWDIN

화면 하단에 있는 Ledger Manager의 아래에 있는 ①
'INSTALL'을 클릭한다. 아래 화면과 같이 크롬 앱스토어 화면
이 새로운 창으로 열린다.

바뀐 화면은 '크롬 앱스토어'이다. 새롭게 생성된 대화창
은 Ledger Manager를 PC에 설치할 것인지 묻는 것이다. ①
'CHROME에 추가'를 클릭한다. ②'Ledger Manager를 추가하

시겠습니까?' 화면이 추가로 열린다. ③'앱 추가'를 클릭한다.

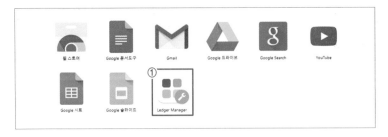

위와 같이 크롬 브라우저 홈으로 바뀌면 ①'Ledger Manager'
앱이 생성되어 있다. 렛저 나노 에스 전용 'Ledger Manager'앱
의 설치가 완료된 것이다.

6단계: PC에 Ledger Nano S 전용 앱 설치하기

먼저 비트코인을 저장하기 위한 앱을 설치해 보자. 우선
Ledger Wallet 홈페이지https://www.ledgerwallet.com/apps에 접속한
다. 첫 화면에서 아래 화면이 보이도록 마우스를 스크롤해 아래
로 내린다.

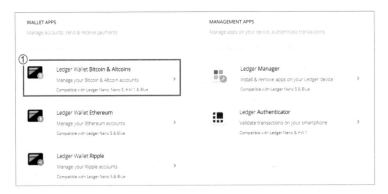

위와 같은 화면이 열리면, ①'Ledger Wallet Bitcoin &

Altcoins'를 클릭한다. 화면이 아래와 같이 바뀐다.

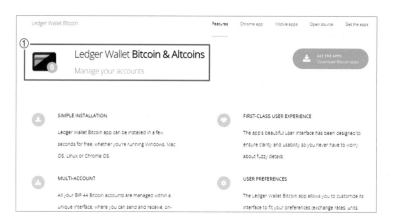

바뀐 화면은 ①'Ledger Wallet Bitcoin & Altcoins'에 대한 화면이다. 아래 화면이 보이도록 화면을 아래로 스크롤한다.

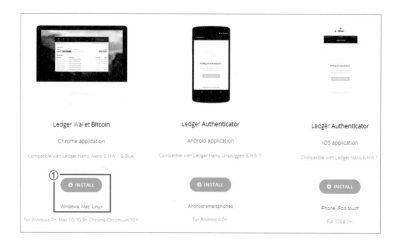

위와 같이 화면이 열리면 'Ledger Wallet Bitcoin'에서 ① 'INSTALL'을 클릭하여 크롬 앱스토어로 이동한다.

바뀐 화면은 '크롬 앱스토어'이다. ①'CHROME에 추가'를 클릭한다. ②'Ledger Wallet Bitcoin을 추가하시겠습니까?' 화면이 추가로 열린다. ③'앱 추가'를 클릭한다.

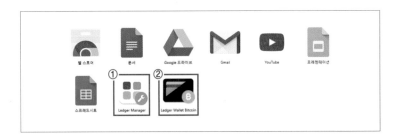

위와 같이 크롬 브라우저 홈으로 바뀌면 먼저 설치한 ①'Ledger Manager' 앱 옆으로 ②'Ledger Wallet Bitcoin' 앱이 추가로 설치된다.

코인별 전용 앱 설치

위에서 예로 들었던 비트코인을 저장하기 위해 'Ledger Wallet Bitcoin & Altcoins'을 설치했던 것과 동일한 절차로 저장하기를 원하는 코인의 앱(App)을 크롬 브라우저에 설치하면 된다. 코인별 설치해야 하는 전용 앱은 다음과 같다.

- 이더리움, 이더리움클래식: 'Ledger Wallet Ethereum' 설치
- 리플코인: 'Ledger Wallet Ripple' 설치
- 라이트코인, 대시 등 다른 모든 알트코인: 'Ledger Wallet Bitcoin & Altcoins' 설치 이더, 이클과 리플을 제외한 나머지 알트코인은 모두 비트코인 크롬앱을 같이 사용

다른 알트코인 전용 앱들도 크롬 브라우저에 순서대로 설치해 보자.

2. 렛저 나노 에스(Ledger Nano S) 활용하기

여기에서는 Ledger Manager 사용법과 함께 Ledger Nano S 본체에 암호화폐 앱을 설치하고, 암호화폐를 직접 입금, 출금하는 방법을 알아보자.

PC의 'Ledger Manager'로
Ledger Nano S 본체에 암호화폐 앱 설치

Ledger Nano S는 'Ledger Manager'라는 프로그램으로 본

체에 앱을 설치하고 본체를 관리한다. 먼저, Ledger Nano S를 PC에 USB 케이블로 연결한 후 PIN 코드를 입력한다. PIN 코드 입력 시 3회 연속 오류가 되면 Ledger Nano S 본체는 곧장 초기화되기 때문에 주의해야 한다. 다음은 PC 크롬 브라우저에서 Ledger Manager를 작동시킨다. 아래 그림을 보자.

크롬 브라우저의 첫 화면 좌측 상단의 ①'앱'버튼을 클릭하면 설치된 Ledger 크롬용 앱 리스트를 아래와 같이 모두 볼 수 있다.

여기에서 ①'Ledger Manager'클릭하여 실행한다. 이때 Ledger Nano S가 연결되어 있지 않으면 Ledger Manager가 정상 작동하지 않는다.

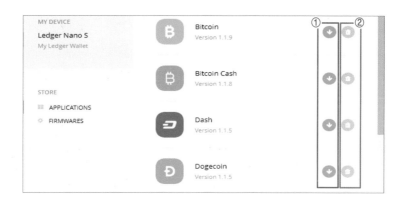

'Ledger Manager'를 클릭하면 새로운 창이 생성된다. 위와 같이 초기화면이 생성되면, 지원 가능한 암호화폐들을 볼 수 있다. ①을 클릭하면 Ledger Nano S 본체에 해당 암호화폐 앱이 다운로드 된다. ②를 클릭하면 Ledger Nano S 본체에 설치된 앱을 제거할 수 있다. 1개의 Ledger Nano S 본체에는 동시에 5가지 코인 앱을 설치하고 사용할 수 있다. 설치를 원하는 암호화폐 옆의 설치 버튼을 클릭하면 Ledger Nano S 본체로 앱 설치가 진행된다. 화면이 아래처럼 바뀐다.

① PC에서 렛저 나노 S 본체로 다운로드

② Ledger Nano S 본체에 앱 설치 중

③ 앱 설치 완료 후

앞 화면에서 ①을 클릭하면 화면은 '① PC에서 Ledger Nano S 본체로 다운로드'로 바뀌고, 동시에 '② Ledger Nano S 본체에 앱 설치 중'이 된다. '③ 앱 설치 완료 후'에는 해당 코인 어플이 Ledger Nano S 본체 액정화면에 표시된다. 이와 같은 방법으로 설치하고 싶은 앱을 다운로드 받으면 된다.

Ledger Wallet 앱을 통한 암호화폐 입출금

여기에서는 직접 Ledger Nano S에 이더리움을 입금하고, 송금하는 방법을 실행하는 것으로 하겠다. 먼저, PC에 Ledger Nano S 본체를 연결한다. 그다음에는 PC 크롬 브라우저 앱을 작동시킨다. 아래 그림을 보자.

크롬 브라우저의 첫 화면 좌측 상단의 ①'앱' 버튼을 클릭하면 설치된 Ledger 크롬용 앱 리스트를 아래와 같이 모두 볼 수 있다.

① 'Ledger Wallet Ethereum' 버튼을 클릭하여 실행시킨다. 화면이 아래와 같이 바뀐다.

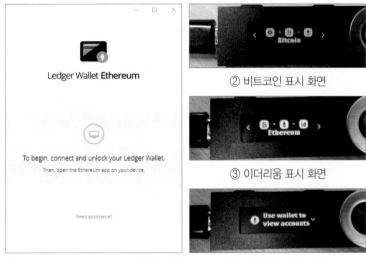

① Ledger Wallet Ethereum 실행 첫 화면

② 비트코인 표시 화면

③ 이더리움 표시 화면

④ 이더리움 지갑 화면

화면이 바뀌면 '① Ledger Wallet Ethereum 실행 첫 화면' 이 나타난다. Ledger Nano S 본체에서 이더리움 앱을 실행시 키라는 메시지가 표시되어 있다. Ledger Nano S 본체에서 PIN 코드를 입력하면 '② 비트코인 표시 화면'이 나타난다. 윗부분 의 오른쪽 버튼을 한 번 누르면 액정화면이 옆으로 이동하여 '③ 이더리움 표시 화면'이 나타난다. 가운데 이더리움 기호와 영문 Ethereum이 표시되면, 좌우 버튼 2개를 동시에 눌러 이더리움 앱을 실행시킨다. 액정에는 '④ 이더리움 지갑 화면'이 표시된 다. 다시 PC 화면으로 돌아가면, PC의 화면은 아래와 같이 변해 있다.

① Ledger Wallet Ethereum 선택 화면   ② 비트코인 표시 화면

　PC 화면은 '① Ledger Wallet Ethereum 선택 화면'으로 표시되어 있다. 같은 앱으로 이더리움과 이더리움 클래식을 동시에 사용하다. 이더리움ETH와 이더리움 클래식ETC의 지갑 주소가 각각 다르기 때문에 암호화폐의 종류를 선택해야 한다. 여기서는 이더리움을 선택하기 위해, 'ETH'을 클릭한다이더리움 클래식(ETC)의 경우에도 사용법은 동일. 화면이 '② 비트코인 표시 화면'으로 바뀐다. 상단의 아이콘 3개는 좌측부터 각각 '홈', '송금', '입금'을 위한 아이콘이다. 그리고 상단 우측의 'ETH SWITCH'는 이더리움과 이더리움 클래식 전환용이다. 사용 중 클릭하면 ETH, ETC를 상호 전환시킬 수 있다. 'BALANCE'에는 현재 자신의 이더리움의 잔액이 표시되어 있다. 자, 이제 이더리움의 입출금 방법을 알아보자.

① RECEIVE EHTER 화면   ② SEND ETHER 화면

먼저, Ledger Nano S 본체 이더리움 지갑으로 외부에서 입금 받는 방법을 알아보자. PC 크롬 이더리움 앱 실행 후 초기화면에서 좌측에서 세 번째 '입금' 아이콘을 클릭한다. '① RECEIVE EHTER 화면'이 나타난다. 여기에는 Ledger Nano S 본체의 '이더리움 QR 코드'와 '이더리움 지갑 주소'가 표시되어 있다. 여기에서 주의할 것은 '④'에 표시된 'HEX'와 'IBAN' 선택이다. 두 주소 모두 사용할 수 있다. 'HEX'는 우리가 일반적으로 활용하는 '이더리움 지갑 주소'이고, 'IBAN'은 주로 유럽에서 활용하는 주소이다. 여기에서는 'HEX' 주소를 활용한다. 'HEX'가 녹색으로 표시된 경우의 주소를 활용하면 된다. 'IBAN'을 클릭하면, QR 코드와 주소가 모두 변경된다. 주의가 필요하다. '이더리움 QR 코드'와 '이더리움 지갑 주소'로 이더리움을 송금하면

Ledger Nano S 본체의 이더리움 지갑으로 정확하게 입금처리된다.

다음으로 Ledger Nano S 이더리움 지갑에서 다른 이더리움 지갑으로 송금해 보자. PC 크롬 앱 이더리움 앱 실행 후 초기화면이 열리면 좌측에서 두 번째 '송금' 아이콘을 클릭한다. 송금을 위한 '② SEND ETHER 화면'을 볼 수 있다. 여기에서 'AMOUNT'에는 송금을 원하는 이더리움ETH 금액을 입력한다. 'RECIPIENT ADDRESS'에는 이더리움을 보내려는 주소를 입력한다. 'GAS LIMIT'에는 이더리움을 보낼 때 필요한 수수료송금 가스비를 입력한다. 보통 21,000정도를 입력한다.

모두 입력했다면 다시 한 번 정확히 확인 후 'SEND'를 누른다. 마지막으로 Ledger Nano S 본체에서 확인 버튼을 눌러 송금을 승인한다. 모든 거래가 승인되고 이더리움이 즉시 송금 처리된다. 잔액을 확인한다.

긴급 상황 발생! Ledger Nano S를 잃어버렸다. 어떻게 하면 복원(재생)할 수 있을까?

 걱정하지 마시라. 콜드 스토리지를 사용하는 가장 큰 이유는 어떤 상황이든, 지갑을 분실했을 경우에도 하드웨어 지갑에 보관된 코인을 완벽하게 실시간으로 100% 복원할 수 있기 때문이다. Ledger Nano S의 경우 Ledger Wallet의 'Restore Configuration구성 정보 복원' 기능을 활용하면 된다. Ledger Nano S는 초기 설정 시 4~8자리의 PIN 코드 암호와 24개의 단어를 리커버리 시트종이에 기입하고 보관한다. 이 PIN 코드 암호와 24개 리커버리 단어를 활용하여 Ledger Nano S를 100% 복원할 수 있다. 복원 방법은 어렵지 않고 복잡하지도 않다. 지면 관계상 여기에서는 생략하고, 관련 사이트를 안내하겠다.

☞ 네이버 Ledger Nano S 카페(http://cafe.naver.com/ledger)의
   공지사항 중 Ledger Nano S 사용설명서-3(복구모드 사용법) 참고

9장
국내 거래소 지갑 활용하기

암호화폐는 실체가 없이 가상공간에서 활용된다. 화폐를 발행하는 정부도, 중앙은행도 없기 때문에 초기에는 대부분의 사람들이 암호화폐를 신뢰하지 못했다. 거래소를 통해서 암호화폐가 거래되고, 현실에서 조금씩 사용되면서 그 존재를 차츰 신뢰하기 시작했다. 여기에서는 암호화폐를 실제로 거래할 수 있도록 국내 거래소의 현황을 알아보고, 거래소 지갑을 만들어 활용하는 방법을 살펴보기로 하겠다.

1. 국내 거래소 현황

우리나라에서 가장 많이 이용되는 거래소로는 빗썸bithumb, 코인원coinone, 코빗KORBIT 등 3곳이 있다.

빗썸(bithumb)

'빗썸'은 '전 세계 1등 가상화폐 거래소'라는 이름처럼 세계 최대의 거래 점유율을 보유하고 있다. 인증 절차가 간단하고 10억 원 규모의 개인 정보 보호 배상 책임보험에 가입되어 있어 신뢰도가 높다. 다만 인터넷 홈페이지의 인터페이스가 어려운 편이고 모바일 서비스 역시 불편하다는 평이 있다. 최근 해킹 사건 이후로는 해킹 관련 보안성에 대한 신뢰감이 다소 떨어져 있는 상태이다.

코인원(coinone)

코인원은 전문가 수준의 프로 차트를 보여주고 채팅방 기능을 제공해서 여러 이용자들이 실시간으로 대화를 주고받을 수 있다. 코인의 종류가 타 거래소에 비해 적다는 단점이 있지만, 유저 인터페이스가 깔끔하고 직관적이다. 그래서 암호화폐나 주식 거래 경험이 없는 초보자들도 수월하게 이용할 수 있다.

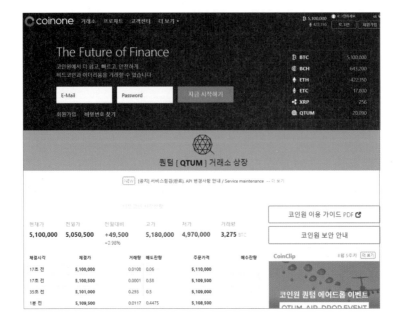

코빗(KORBIT)

'코빗'은 국내 최초의 비트코인 거래소라는 프리미엄을 달고 있다. 우리나라에서 이더리움 매매 서비스를 가장 먼저 시작한 거래소 역시 코빗이다. 코빗의 강점이나 우수한 점을 든다면 우선 코인의 종류가 다른 국내 거래소에 비해 다양하다는 점이다. 어려운 절차를 거쳐 해외 거래소POLONIEX를 이용하지 않고도 비인기 암호화폐를 구매할 수 있다. 또한 해킹 방지 보안성이 국제 수준으로 높다는 장점이 있다. 이 때문인지 거래 수수료는 다른 거래소에 비해 높다는 단점이 있다. 다음으로 코빗 지갑을 만들고 활용하는 방법을 따라해 보자.

2. 코빗 지갑 만들고 거래하기

암호화폐를 처음 거래하는 사람이라면 국내 거래소 가운데 보안 여건이 비교적 좋다고 판단되는 코빗 거래소의 지갑을 만들어 활용할 것을 권장한다. 그럼 이제부터 코빗 지갑을 만들고 활용하는 방법을 간단히 살펴보기로 하자.

코빗(KORBIT) 지갑 생성

먼저 인터넷 주소창에 주소https://www.korbit.co.kr/를 입력한다. 코빗 홈페이지 우측상단에 있는 '회원가입'을 클릭한다. 화면이 회원가입 창으로 바뀐다.

아래 그림의 Ⓐ처럼 회원가입을 위한 창이 열리면, ①~⑦까지 조건에 맞게 해당 내용을 입력하고, 최종적으로 ⑧'회원가입'을 클릭한다. 화면이 Ⓑ로 바뀌어 열린다. 회원가입을 위해 입력했던 메일 주소로 회원가입 확인 메일을 보냈다는 메시지이다.
입력했던 주소로 가서 메일을 확인한다. ⓒ는 이메일 계정 확인
이라는 메일 메시지이다. ⑨에 링크된 주소를 클릭하면 이메일
계정이 확인되었다는 메시지가 뜨고, 다시 로그인 하라는 메시
지와 함께 로그인 화면이 열린다.

회원 가입 시 입력한 이메일 주소와 패스워드를 입력하고 정
상적으로 로그인을 하면 아래 그림과 같이 사용자 본인 인증 화
면이 열린다.

이메일 인증을 마치고 다시 로그인 하면 이후 3단계의 본인
인증을 받는다. 1단계는 휴대전화 인증이다. 휴대전화로 인증번
호를 요청해서 인증번호를 입력하면 된다. 2단계에서는 주소와
환급계좌를 등록한다. 코빗거래소에서 자신의 은행계좌로 현금
KRW을 돌려 받기 위해 등록하는 것이다. 등록 이후엔 동일한 계
좌에서만 입금과 출금이 가능하다. 3단계는 코빗 지갑에 현금을
입금하는 것이다. 아래를 보며 직접 입금해 보자.

현금(KRW) 입출금하기

위 그림은 코빗 홈페이지에서 정상적으로 로그인을 하면 처음
열리는 화면이다. 화면의 상단에 있는 ①'입출금'을 클릭한다.
아래와 같은 화면으로 바뀐다.

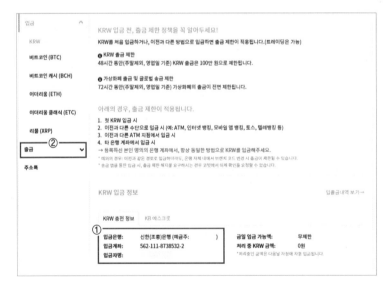

위 그림에서 ① 붉은색으로 표시된 은행명, 계좌번호가 자신

의 전용 입금계좌이다. 인터넷뱅킹으로 이곳에 현금을 이체하면
된다. 다음은 거래소 지갑에서 현금KRW을 출금하는 방법을 알아
보자. 먼저 위 화면에서 ②'출금'을 클릭한다. 출금 아래로 세부
메뉴가 열린다.

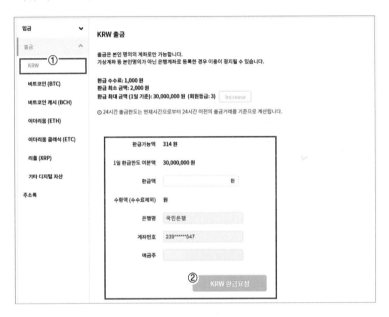

위 그림에서 먼저 ①'KRW'를 클릭한다. 화면은 현금을 출금
하는 대화창으로 바뀐다. 회색 박스로 표시한 'KRW 환급 요청'
에 필요한 내용을 모두 기입하고 ②를 클릭한다. 출금신청 완료
메시지가 뜨고, 휴대전화로 문자가 온다. 회원가입 때 등록한
메일 주소에도 메일이 온다. 정상적으로 처리되었음을 알리는
것이다.

암호화폐 입출금하기

다음은 코빗거래소에서 암호화폐를 입출금하는 방법이다.

위 그림은 코빗 홈페이지의 첫 화면거래소이다. 화면의 상단에 있는 ①'입출금'을 클릭한다. 아래와 같은 화면으로 바뀐다.

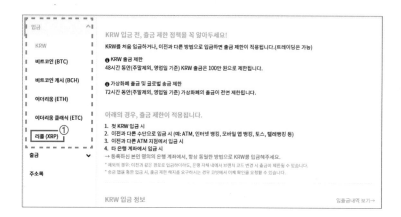

화면이 바뀌면 왼쪽 입금 메뉴점선에 있는 암호화폐 중 리플 XRP을 입출금하는 것으로 연습해 보자.

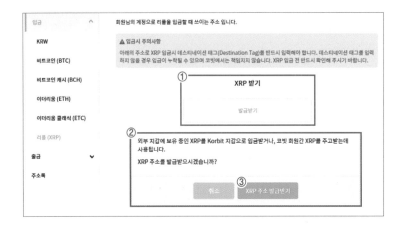

　위와 같이 화면이 바뀌면 리플XRP을 받을 수 있도록 전용 지갑 주소를 발급받으라는 메시지가 나온다. ①'발급받기'를 클릭하면 전체화면이 어두워지고 ②의 화면이 나타난다. ③'XRP 주소 발급받기'를 클릭한다.

코빗에서 거래가 가능한 암호화폐는 2017년 9월 기준, 비트코인BTC, 비트코인캐시BCH, 이더리움ETH, 이더리움클래식ETC, 리플XRP이다. 위와 같은 절차로 거래 가능한 암호화폐의 주소를 발급받을 수 있다. 외부 지갑에서 코빗의 리플XRP 전용 지갑에 입금할 경우에는 ①에 있는 주소를 복사하여 활용하면 된다. 다만, '데스티네이션 태그Destination Tag를 반드시 입력해야 합니다.'라는 주의사항이 있다. 이 점은 꼭 유의해야 한다. 이번엔 출금을 하는 방법에 대해 알아보자. ②를 클릭하면 화면이 출금화면으로 바뀐다. 여기서도 리플XRP로 해보자.

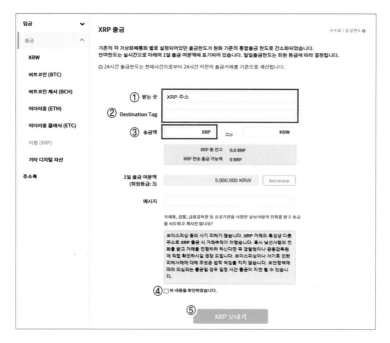

위와 같이 리플XRP 출금 화면이 생성된다. 먼저, 받을 사람의 주소를 ①에 입력복사하고, ②에는 데스티네이션 태그Destination

Tag를 반드시 입력한다. 이어서 보낼 리플XRP의 수량을 ③에 입력한다. 다음은 보이스피싱 위험을 알리는 내용을 확인하고, ④에 ☑를 한다. 모든 내용을 입력했으면 다시 한 번 꼼꼼히 입력사항을 확인하고 ⑤를 클릭한다. 코빗의 시스템에 따라 전송시간이 필요하다는 메시지가 나오고 이어서 전송처리 완료 메시지가 나온다. 이제 입금을 했거나 출금송금을 했다면, 그 내역을 확인해 보자.

해외거래소에 송금하기

해외거래소에 송금하는 경우에도 위의 출금 방법과 동일하다. 만약 이더리움을 보내고자 한다면, 출금 화면에서 '이더리움'을 클릭하고, ① 받으려는 주소를 입력한다. ② 보내고자 하는 금액을 입력한다. ③ 보내기 버튼을 클릭한다. 화면에 나타난 빈칸에 정보를 제대로 입력하고 보내면 된다.

암호화폐 거래내역 확인하기

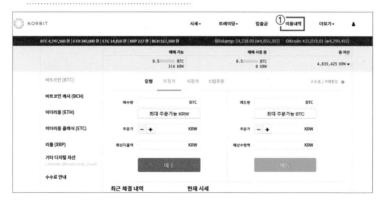

코빗 홈페이지의 첫 화면(거래소)에서 우측 상단에 있는 ① '이용내역'을 클릭한다. 아래와 같은 화면으로 바뀐다.

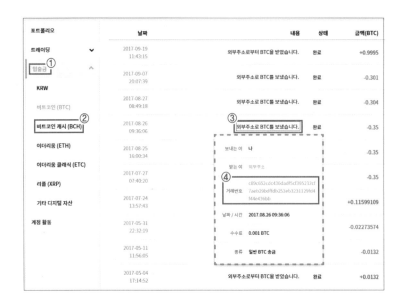

　이용내역을 클릭한 후 위와 같이 바뀐 화면에서 왼쪽 메뉴 중 ①'입출금'을 클릭하면 아래로 KRW현금, 비트코인BTC~리플XRP 까지 세부 매뉴얼이 열린다. 이번에는 ②'비트코인'을 클릭해 보 자리플을 보고 싶다면, 리플을 클릭하면 된다. 오른쪽 화면에 그동안 거래 했던 내역이 열린다. 각각의 내용을 확인하고 싶으면 ③과 같이 그 내용'외부주소로 BTC를 보냈습니다.'을 클릭하면 세부 내용의 작은 창 점선이 열린다. 이 중에서 ④'거래번호'를 활용하여 상대방과 암 호화폐의 전송 여부를 확인한다. 상대방에게 암호화폐를 보내고 나서, 이 '거래번호'를 복사해서 보내면 된다.

10장
국제 거래소 지갑 활용하기

　　해외 암호화폐 거래소에 대해 알아보자. 국내 거래소가 엄연히 있는데 왜 해외 거래소까지 알아야 하는지 의아해하는 사람도 있을 것이다. 이유는 간단하다. 해외 거래소에서는 우리나라 거래소에서 취급하지 않는 다양한 암호화폐를 거래할 수 있기 때문이다. 그러나 전 세계에 있는 거래소를 모두 알아보는 것은 현실적으로 불가능하므로, 여기에서는 가장 대표적인 폴로닉스POLONIEX와 비트렉스BITTREX에 대해 살펴보기로 하겠다.

1. 폴로닉스(Poloniex) 거래소 지갑

　　폴로닉스는 암호화폐 투자자들의 기준이 되는 거래소로 알려져 있다. 폴로닉스에서는 미국 달러 또는 비트코인, 이더리움으로 알트코인들을 거래할 수가 있다. 인터페이스가 깔끔하여 이용하기 편리한 거래소로 평가받고 있다.

홈페이지 접속하고 계정 만들기

①우선 폴로닉스 사이트에 접속한다. 주소창에 https://poloniex.com/를 입력하면 초기 홈페이지가 열린다. 'Create Your Account'계정만들기를 클릭한다.

기본 정보 등록하기

①먼저 화면에서 국가명을 선택한다. 반드시 'Korea, Republic of'대한민국를 선택해야 한다. 'Korea, Democratic People's Republic of'는 '고려 인민민주주의 공화국', 즉 북한을 의미한다. ②Email은 자신이 자주 활용하는 이메일 주소를 입력한다. ③암호Password는 최소 8자 이상이어야 한다. 그러나 최소 32자 이상의 영자, 숫자 암호를 선택하는 것이 좋다. ④암호를 반복하

여 확인한다. 그러고 나면 '로봇이 아닙니다'에 ☑를 표시한다. 그다음에는 'I agree to the Terms of Use.'에 ☑를 표시한다. 모든 부분에 입력이 완료되면 ⑤'Register'등록를 클릭한다.

메일로 승인하기

위의 화면에서 ⑤'Register'등록를 클릭하면 화면이 아래와 같이 바뀐다. 아래 화면의 붉은색 부분의 내용은 '계정을 만들어 주셔서 감사합니다. 확인 메일을 승인하시려면 당신의 이메일을 확인해 주세요. 만약 당신의 이메일이 몇 분 이내에 도착하지 않는다면, 당신의 스팸 메일 박스를 반드시 확인하세요.'라는 내용이다.

자신이 등록했던 메일 주소로 돌아가서 폴로닉스에서 온 메일을 확인한다. 메일함에서 해당 메일을 찾아 클릭하면 아래와 같은 화면이 열린다.

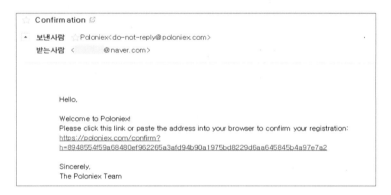

여기에서 파란색으로 표시된 링크를 클릭한다. 새로운 화면이 열린다.

최초 로그인하기

새롭게 열린 화면의 내용은 '프로필을 완성하려면 로그인하십시오.'라고 쓰여 있다.

①먼저 자신의 이메일을 입력한다. ②초기 등록할 때 설정한 암호를 입력한다. 'Sign in'회원가입을 클릭하면 다음 단계로 넘어 간다. 여기에 쓰인 'Sign in'이라는 의미는 '로그인'과 같은 개념 이다. 아래처럼 화면이 열린다.

계정을 활성화하기

①'First Name'에는 자신의 이름을 영문으로 입력한다. ② 'Last Name'에는 자신의 성을 영문으로 입력한다. ③에는 자신의 주소 중 거주하는 곳과 가장 가까운 또는 가장 작은 단위를 기입한다. ④에는 자신의 주소 중 동 단위의 규모가 중간인 규모의 주소를 기입한다. ⑤에는 거주하는 시군구 단위의 행정구역 주소를 입력한다. ⑥에는 행정구역상 도 또는 광역시 단위의 행정구역 주소를 입력한다. ⑦에는 우편번호를 입력한다. ⑧에는 자신의 스마트폰 번호를 입력한다. ⑨에는 자신의 출생 연월일을 기입한다. 기입순서는 월-일-년도 순임을 주의해야 한다. ⑩에는 여권번호를 기입한다. 필수사항은 아니다. 자율적으로 다른 증명 번호를 기입하는 것도 좋다.

여기까지 입력을 하고 마우스를 아래로 내리거나 스크롤을 아래로 내리면 다음과 같은 화면을 확인할 수 있다.

이 화면은 개인 정보 증명에 필요한 내용을 입력하는 절차이다. ①을 클릭하면 파일을 업로드 하라는 창이 활성화된다. 미

국인들에게는 신분증을 요구하지만, 이 책을 읽는 당신은 한국인이므로 여권 사진을 업로드하면 된다. 예시로 제시된 **Ex) ①**은 신분증 사진이다. 우리는 여권 파일만 업로드한다. ②를 클릭하면 역시 파일을 업로드하라는 창이 나온다. 당신은 예시로 제시된 **Ex) ②**와 같이 여권을 들고 얼굴이 나오는 사진을 업로드하면 된다. 사진 파일을 업로드한 후, 'I agree to the Terms of Use.'에 ☑표시를 한다. 마지막으로 'Save Profile'을 클릭한다.

위 창에서 ①은 '정보가 업데이트 되었다.'라는 메시지이다. 'OK'를 클릭한 후, 거래소에서 파일서류 등을 확인해 주면 거래가 가능해진다. 회원 가입 후에는 일정시간을 기다려야 한다.

암호화폐 거래하기

사용자 정보가 인증이 되어 로그인을 하면 아래와 같은 화면이 열린다.

위의 화면은 폴로닉스 홈페이지에서 취급하는 일반 매매거 래EXCHANGE를 클릭하면 열리는 창이다. ①~③은 가능한 거래 의 방법을 나타낸다. ①은 우리가 일반적으로 사용하는 매매거 래를 의미한다. ②는 '마진 거래'를 뜻한다. 마진 거래는 다양한 정보와 경험을 한 전문가들도 어려워하는 거래이다. 전문적이 고, 직업적인 사람들이 아니라면 되도록 사용하지 말기를 바란 다. ③는 '렌탈 거래'를 뜻한다. 렌탈 거래 또한 마진 거래와 마 찬가지로 위험도가 높은 거래 방식이다. 이 방법도 일반 투자자 라면 사용을 자제하길 바란다.

④~⑦은 다양한 알트코인을 거래할 수 있는 코인을 표시 한 것이다. ④를 클릭하면 비트코인BTC으로 거래할 수 있는 코인을 확인할 수 있다. ⑤를 클릭하면 이더리움ETH으로 거래 할 수 있는 코인을 확인할 수 있다. ⑥을 클릭하면 모네로XMR 로 거래할 수 있는 코인을 확인할 수 있다. ⑦을 클릭하면 테

더Tether: USDT를 활용하여 거래할 수 있는 코인을 확인할 수 있다. 자, 그럼 이제 실제로 암호화폐를 매수, 매도하는 주문을 해보자. 여기서는 암호화폐 중 골렘GNT을 선택하여 설명하겠다.

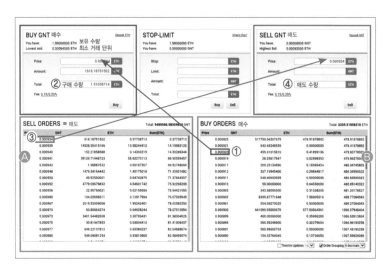

매수 주문: 암호화폐 구입하기

위 화면에서 **B**영역은 매수 주문을 금액별, 시간대별 순서로 표시한 매수 주문 리스트이다. 먼저 골렘 매수BUY GNT 주문의 가격을 설정해야 한다. 현재 시세 중에서 가격을 선택하려면, 마우스 화살표를 ①위치로 옮겨 클릭한다.자신이 원하는 가격을 선택하는 것이다. 클릭한 해당 가격매수를 원하는 가격이 매수 가격에 반영된다. 지정한 가격으로 구매하고자 하는 수량을 ②에 입력한다. 마지막으로 'Buy'구입를 클릭하고 정상적으로 처리되었는지 확인한다.

매도 주문: 암호화폐 판매하기

매수 주문과 동일한 방법으로 매도 주문을 해보자. 매도 주문은 ④영역을 참조한다. 여기에는 매도 주문이 금액별, 시간대별 순서로 정리되어 리스트로 제시되어 있다. 먼저 골렘 매도SELL GNT 주문의 가격을 설정한다. 현재 시세 중에서 판매를 희망하는 가격을 선택하려면, 마우스 화살표를 ③위치로 옮기고 클릭한다. 자신이 원하는 가격을 선택하는 것이다. 클릭한 해당 가격매도를 원하는 가격이 매도가격에 반영된다. 지정한 가격으로 매도하고자 하는 수량을 ④에 표시한다. 마지막으로 'Sell'매도을 클릭한다. 정상적으로 처리되었는지 확인한다.

보유 자산 확인 및 입출금하기

홈페이지에 로그인 한 후, ①을 클릭하면 자신이 보유한 암호화폐를 달러 자산으로 표시해 주는 메인 화면이 열린다. ②에 표

시된 'Estimated value of holdings'의 의미는 '보유자산의 추정
가액'이다. 자신이 가지고 있는 암호화폐를 달러로 환산 했을 때
얼마인지 알려주는 것이다.

　　다음은 폴로닉스POLONIEX 지갑에서 자신의 자산을 입금하거
나 출금하는 것을 해보자. ③'DEPOSITS & WITHDRAWALS'
를 클릭하면, 화면에는 'DEPOSITS'입금, 'WITHDRAWALS'
출금를 위한 대화창이 생성된다. 거래용 자산을 입금할 때는
'DEPOSITS'입금을 클릭하고, 자신의 암호화폐를 찾을 때는
'WITHDRAWALS'출금를 클릭한다. 위 화면은 출금할 때 열리는
대화창이다. 관련 내용을 입력하고 'WITHDRAWALS'출금를 클
릭하면 암호화폐가 입력한 주소에 송금된다.

해킹 방지 및 보안을 위한 2중 인증 설정하기

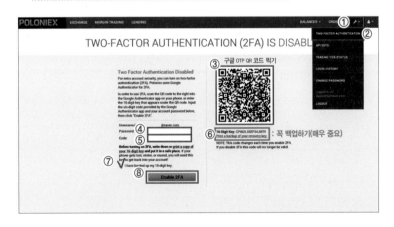

　　홈페이지에 로그인 하고, ①에 마우스를 올려놓으면, 세부 메뉴
가 열린다. 여기에서 ②'TWO-FACTOR AUTHENTICATION2FA:

2중 인증'을 클릭하면 화면이 열린다. 폴로닉스에 본인 인증을 2중으로 하기 위해 OTP를 인증하는 것이다. 먼저 스마트폰에서 구글 OTP 앱을 다운로드해 실행한다. 이어서 구글 OTP를 폴로닉스에 연동시키기 위해서 화면에 보이는 ③'QR 코드'를 촬영한다. 다음은 ④에 패스워드를 입력하고 ⑤에는 스마트폰 구글 OTP에 나오는 코드값6자리을 입력한다. 다음은 QR 코드 아래에 보이는 ⑥파란색 박스표시의 16자리 암호를 백업한다. 다음은 ⑦'I have backed up my 16-digit key.'나는 16자리 암호를 백업했다.에 ☑표시를 한다. 마지막으로 'Enable 2FA'2중 인증 실행를 클릭한다.

2. 비트렉스(BITTREX) 거래소 지갑

비트렉스는 새로 나온 다양한 신규 코인들을 상장하여 최근에 높은 성장률을 보이고 있는 미국의 메이저급 거래소이다. 폴로닉스에 비해 가입과 인증절차가 비교적 쉽고 간단한 편이어서 점차 회원이 늘어나고 있는 추세다. 초보 수준의 투자자들도 지시하는 절차대로 실행만 한다면 쉽게 가입해 거래소를 활용할 수가 있을 것이다.

메인화면에서 상단 우측에 ①'LOGIN'로그인 버튼을 클릭하면
로그인 창이 활성화된다. 가장 밑에 있는 ②'Sign Up'회원가입을
클릭하면 화면이 바뀐다.

화면이 바뀌면 Ⓐ영역의 창이 먼저 열린다. 이 화면에서 'SIGN UP'회원가입 창이 활성화 되면, 이메일과 패스워드를 설정하는 것만으로 간단하게 회원가입이 가능하다.

절차대로 가입을 해보자. 먼저 본인 소유의 이메일을 ①에 입력하고, 비밀번호를 설정한 뒤, 다시 비밀번호를 확인하는 절차를 밟는다. ②에 비밀번호를 입력할 때는 반드시 영문대문자+영문소문자+숫자를 활용하여 8자리 이상으로 입력해야 한다. ③에서는 비밀번호를 다시 입력함으로써 오류가 없는지 확인한다. ④는 가입에 대한 동의를 묻는 것이다. 당연히 ☑표시를 한다. 마지막으로 ⑤'SIGN UP'회원가입을 클릭하면 Ⓑ영역의 창이 열린다. 여기에서는 '도로 표지판이 있는 타일을 모두 선택하세요.'가 지시사항이다. 지시사항대로 ⑥과 같이 클릭한다. 모든 것을 조건대로 표시하고 나서, 최종적으로 ⑦을 클릭하면 화면이 바뀐다.

화면이 바뀌면 Ⓐ영역의 창이 먼저 열린다. 화면의 내용은 '계정 등록을 완성하기 위해 당신의 메일을 확인하라.'는 것이다.

자신의 메일 주소에 가서 메일을 확인한다. 메일을 열면 ⑧영역의 창이 열린다. 비트렉스BITTREX의 메일을 확인하라는 내용이다. 여기에서 파란색으로 표시된 링크를 클릭하면 정상적으로 회원가입이 종료된다.

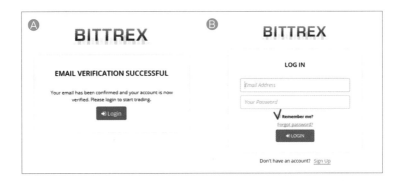

위와 같이 ⓐ영역의 화면이 새로 열린다. 로그인을 하라는 메시지가 있다. 로그인 버튼을 클릭하면 ⑧영역의 창이 열린다. 이메일, 패스워드를 입력하고 로그인 버튼을 클릭하면 로그인이 된다.

위에서 로그인 버튼을 눌렀는데, 화면이 바뀌면서 위와 같이 Ⓐ영역의 창이 열리는 경우가 있을 것이다. 비트렉스BITTREX에서 메일을 보냈으니 다시 자신의 이메일에 가서 확인을 하라는 것이다. 이메일을 확인하면 Ⓑ와 같은 화면이 열릴 것이다. 메일의 내용은 현재 로그인을 한 디바이스기계장치와 현재 접속된 아이피를 사용할 것임을 공지해 주고, 이에 대하여 확인하라는 것이다. 그냥 파란색으로 표시된 'CLICK HERE~'를 클릭한다. 비트렉스 가입이 완료되어 다시 로그인을 하면 거래할 수 있다.

사용자 정보 입력 및 인증하기

처음 로그인을 하면 아래와 같은 화면이 나타난다. 사용자의 정보를 등록하고 인증을 받는 화면이다. 메인화면의 우측 상단 부분에 보이는 ① 'Settings'인증를 클릭하면 화면이 다음과 같이 바뀐다.

먼저 Ⓐ는 기본 인적사항 인증이다. 모든 항목을 어려움 없이 입력할 수 있을 것이다. 모두 입력하고 나서 'Submit'제출을 클릭하면 두 번째 인증화면으로 바뀐다.

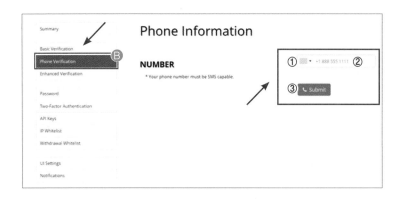

위 화면은 두 번째 인증 단계로 소속 국가와 휴대폰을 인증
하는 것이다. ⓑ'Phone Verification'을 클릭한다. ①에 마우스
를 올리고 국가를 선택한다. 'South Korea'를 선택하고 자신의
휴대폰 번호를 입력한다. ②휴대폰 번호는 국내에서 '010-'으
로 시작하는 것을 해외에서는 '10'으로 표시한다. 예들 들자면,
'010-1234-5678'의 번호를 사용할 경우, '10-1234-5678'로
입력하는 것이다. 확인 창에 비밀번호를 입력한다. 소속 국가와
휴대폰 번호를 정상적으로 입력한 후, ③을 클릭하면 다음 단계
로 넘어간다.

화면이 바뀌면서 휴대폰으로 인증번호 문자가 온다. ①에 인증번호를 입력한 후, ②'Verify'^{확인}를 클릭한다.

국가와 휴대폰 인증이 정상적으로 처리되면 위와 같이 대화창이 나타난다. 다음으로 세 번째 인증은 구글 OTP 인증이다. 즉, 2중 인증을 하는 것은 폴로닉스와 동일한 절차로 진행한다. 아래 화면에서 ⓒ'TWO-FACTOR AUTHENTICATION'^{2중 인증}을 클릭한다.

먼저 스마트폰에서 구글 OTP 앱을 실행한다. 다음은 구글 OTP를 비트렉스에 연동시키기 위해서 화면에 보이는 ①'QR 코드'를 촬영한다. 이어서 ②에는 스마트폰 구글 OTP에 나오는

코드값6자리을 입력한다. 다음은 QR 코드 위에 보이는 ③'Secret Key'암호를 백업한다. 마지막으로 ④'Enable 2FA'2중 인증 실행을 클릭한다.

화면이 바뀌면, 다시 메일주소로 메일을 보냈다는 메시지가 나온다. OTP 설정을 한 사람과 로그인을 한 사람이 일치하는지 검증하는 절차다. 이메일로 돌아가서 메일을 확인하면 된다. 관련 메일을 클릭하면 아래 화면이 열린다.

이메일은 Ⓐ와 같이 확인할 수 있다. 파란색 글자로 링크된 주소를 클릭하여 이메일 인증을 다시 한다. 링크 주소를 클릭하면 화면이 Ⓑ와 같이 바뀐다. 이것은 구글 OTP 설정 및 이메일 인증을 완료한 뒤 마지막 구글 OTP 번호를 입력하여 인증을 완료하는 것이다. 스마트폰 구글앱을 실행시켜 6자리 인증번호를 입력한다. 마지막으로 'Enable Two-Factor Authentication'이중인증 실행 버튼을 클릭하면 모든 인증절차가 끝난다. 정상적으로 거래를 할 수 있게 됐다는 뜻이다.

암호화폐 거래하기

비트렉스 홈페이지에서 로그인하면, 3가지 화폐로 거래할 수 있는 코인 마켓Markets 종목 리스트가 화면에 나타난다. 마우스 스크롤을 아래로 내리면, BITCOIN MARKETS, ETHEREUM MARKETS, USDT/BITCNY MARKETS을 차례대로 볼 수 있다. 즉, 비트코인으로 거래하는 시장, 이더리움으로 거래하는 시장, 테더USDT로 거래하는 시장이다. 여기에서는 이더리움으로 오미세고OMISEGO를 매수, 매도하는 연습을 해보자.

위 그림과 같이 먼저, ETHEREUM MARKETS의 리스트가 나오는 곳까지 화면을 스크롤하여 내린다. 이 중에서 ①'ETH-OMG'를 클릭하면 다음 화면으로 바뀐다.

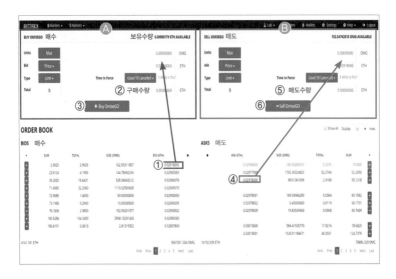

매수 주문: 암호화폐 구입하기

Ⓐ영역은 매수 주문을 넣기 위한 공간이다. 먼저 오미세고 매수BUY OMISEGO 주문의 가격을 지정한다. 바로 아래에 있는 매수BIDS 현재 시세 중에서 가격을 선택한다. 마우스 화살표를 ①로 옮겨 클릭한다. 자신이 원하는 가격을 선택하는 것이다. 직접 키보드로 숫자를 입력해도 가능하다. 지정한 가격매수를 원하는 가격이 매수가격에 반영된다. 그 가격으로 구매하고자 하는 수량을 ②에 입력한다. 모든 것이 정상적으로 입력된 것을 확인하고, ③'Buy OmiseGO'오미세고 구입를 클릭한다. 다시 정상적으로 처리되었는지 확인한다.

매도 주문: 암호화폐 판매하기

🅑영역은 매도 주문을 넣기 위한 공간이다. 먼저 오미세고 매도SELL OMISEGO 주문의 가격을 설정한다. 바로 아래에 매도ASKS 현재 시세 중에서 가격을 선택한다. 마우스 화살표를 ④로 옮기고 클릭한다. 자신이 원하는 가격을 선택하는 것이다. 클릭한 해당 가격매도를 원하는 가격이 매도가격에 반영된다. 지정한 가격으로 매도하고자 하는 수량을 ⑤에 입력한다. 마지막으로 ⑥'Sell OmiseGO' 오미세고 매도를 클릭한 뒤 정상적으로 처리되었는지 확인한다.

국내 거래소 지갑으로 송금하기

자, 이제 마지막으로 비트렉스 지갑에서 국내 거래소 지갑으로 암호화폐를 송금해 보자. 아래 그림을 따라 해보자.

먼저 비트렉스 홈페이지에서 상단 우측의 '①Wallet지갑'을 클릭한다. 화면에는 자신이 보유한 암호화폐 전체 보유 현황이 나

타난다. 암호화폐 명칭 앞에 파란색 '+'와 '−' 기호가 붙어 있다. 즉, '②+'로 표시된 아이콘을 클릭하면 입금에 필요한 대화창이 생성되고, '③−'로 표시된 아이콘을 클릭하면 출금에 필요한 대화창이 생성된다.

여기서는 코빗 지갑에 10이더ETH를 보낸다고 해보자. 이더리움 앞에 붙어 있는 '−' 아이콘을 클릭한다. 새로운 화면 '④'가 열린다. '⑤Address'에 코빗 이더리움 주소를 입력한다. '⑥Quantity'에는 보내고자 하는 금액, 10이더ETH를 입력한다. 여기까지 입력하면 이하 빈칸은 수수료 등이 자동적으로 계산되어 표시된다.

입력사항에 오류가 없는지 다시 한 번 확인한다. 최종적으로 '⑦Withdrawal'을 클릭하면 비트렉스 화면에 송금 처리는 완료가 된다. 다만, 자신의 등록 이메일에 송금에 대한 최종 확인을 요청하는 비트렉스 메일이 보내지기 때문에, 자신의 등록 이메일로 돌아가서 암호화폐 송금에 대한 최종 승인을 해야 한다.

11장
마이이더월렛 활용하기

마이이더월렛은 이더리움 블록체인을 기반으로 하는 코인 및 토큰을 보관하는 전용지갑이다. 암호화폐의 거래에서 블록체인 기반의 지갑을 활용해야 하는 이유는 첫째, 이더리움 관련 모든 토큰의 보관이 가능하기 때문이다. 둘째, ICO 참여에 필수 조건이 되기 때문이다. 즉, 블록체인 기반 지갑이 있어야 ICO에 참여할 수 있다는 뜻이다. 이 장에서는 마이이더월렛을 실제로 만들고 활용하는 방법을 살펴보기로 하겠다.

1. 마이이더월렛 만들기

지갑 생성
마이이더월렛은 기본적으로 크롬 브라우저에서 설치가 가능하다. 먼저 크롬 브라우저를 구동시키자.

①우선 'MyEtherWallet' 사이트https://www.myetherwallet.com에 접속한다. 마이이더월렛에 접속하면 첫 화면에 지갑 생성 페이지가 나타난다. 언어를 ②'한국어'로 변경한다. ③본인이 기억하기 쉬운 비밀번호최소 9글자 이상를 입력한다. ④'지갑 생성Generate Wallet'을 클릭한다. 화면이 바뀐다.

키스토어(Keystore) 파일 저장하기

앞의 화면에서 ①'키스토어Keystore 파일 다운로드'를 클릭하면 화면 좌측 하단에 파일 다운로드 표시(②)가 나타난다. 이것은 자신의 PC '내컴퓨터' 디렉토리에 키스토어Keystore 파일이 다운로드 되었다는 뜻이다. 다운로드 된 파일의 위치와 해당 파일을 찾기 위해 ③(전체보기)을 클릭하면 화면이 바뀐다.

화면이 바뀌면 그동안 크롬으로 다운로드한 내역의 창이 열린다. 자신의 PC 환경에 따라 다운로드 한 파일이 많으면 여러 가지 파일이 화면에 보일 수도 있고, 크롬으로 파일을 처음 다운로드 했다면 위와 같이 하나의 파일만 표시될 것이다.

마이이더월렛의 지갑파일을 찾으려면 '오늘' 다운로드 한 내역 중에서 앞 화면에 표시된 파일명과 같은 것을 찾아 ①(폴더열기)을 클릭한다. ①을 클릭하면 화면에 새로운 대화창이 열린다. PC 환경에 따라 다르지만, '내PC-다운로드'의 경로를 활용하여

②와 같은 화면이 별도로 열리게 된다. ②가 표시되면 '내PC-다운로드'에 존재하는 파일이 보인다. 이 중에서 ①을 클릭할 때 확인한 ③'UTC-(해당날짜)'로 시작하는 파일을 찾으면 된다. ③'UTC-(해당날짜)'를 찾았으면, 이 파일을 자신이 알 수 있는 '폴더'나 '바탕화면'에 이동시켜 보관한다.

개인키(Private Key) 저장하기

키스토어Keystore 파일을 자신이 쉽게 확인할 수 있는 위치로 옮긴 후에 원래 화면으로 돌아가면 'I understand. Continue붉은색 아이콘.'가 활성화되어 있다. 키스토어Keystore 파일을 다운로드 하지 않으면 활성화되지 않는다. 다음으로 'I understand. Continue붉은색 아이콘.'을 클릭하면 화면이 바뀐다.

화면이 바뀌면 '당신의 개인키Save Your Private Key를 저장하라.'
라는 문구 아래 '①개인키Private Key'가 표시된다. 이 개인키는 마
이이더월렛을 사용하는 가장 중요한 패스워드이므로 반드시 보
관해야 한다. 우선 마우스로 드래그하여 복사Ctrl+V한다. 메모장
이나 한글 파일을 열어 저장해 둔다. 지갑 생성이 완료되면 안전
한 장소에 저장해 두어야 한다. 개인키를 복사했으면 '②지갑 주
소를 저장해주세요→' 버튼을 클릭한다.

'③종이지갑 인쇄파란색 아이콘'는 자신의 지갑을 인쇄할 수 있는
기능이다. ③을 클릭하면 프린터로 개인키 및 지갑주소를 종이
지갑아래 그림으로 인쇄할 수 있다. 만일, 인쇄기가 없다면 사진으
로 찍어서 보관하면 편리하다.

2. 마이이더월렛 활용하기

마이이더월렛 지갑을 활용하기 위한 엑세스 방법에는 여러 가지가 있다. 여기에서는 비교적 쉬운 방법으로 로그인 해보자. 앞에서 지갑을 생성할 때 저장했던 '키스토어Keystore파일UTC / JSON'과 '개인키Private Key'를 활용하는 방법이다.

키스토어(Keystore) 파일 활용 로그인

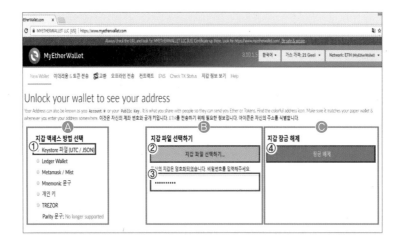

화면 실행 순서 설명

처음 화면이 열리면, 화면에는 Ⓐ[지갑 액세스 방법 선택] 부분만 표시된다. Ⓐ의 선택내용에 따라 Ⓑ의 영역이 결정되어 화면에 표시되고, Ⓑ에 제시된 조건을 충족시키면 Ⓒ의 영역이 활성화되어 로그인을 할 수 있게 된다.

Ⓐ [지갑 액세스 방법 선택]

①KeystoreUTC/JSON를 마우스로 클릭하여 선택한다. KeystoreUTC/JSON를 선택하면 우측으로 Ⓑ[지갑 파일 선택하기] 메뉴가 나타난다.

Ⓑ [지갑 파일 선택]

②'지갑 파일 선택하기'를 클릭하면 앞에서 키스토어Keystore 파일을 저장했던 경로를 선택하라는 대화창이 뜬다. 파일을 저장해 둔 경로를 찾아 해당 파일을 선택업로드한다. 다음으로 ③'당신의 지갑은 암호화되었습니다. 비밀번호를 입력해주세요.'에는 마이이더월렛을 처음 만들 때 입력했던 비밀번호9자 이상를 입력한다. 여기까지 충족하면 Ⓒ의 [지갑 잠금 해제]가 나타난다.

Ⓒ [지갑 잠금 해제]

Ⓒ영역이 표시되어 ④'잠금 해제' 아이콘을 클릭하면 자신의 지갑에 로그인 할 수 있다. 정상적으로 로그인이 되면 자신의 지갑 현황이 화면의 아랫부분에 나타난다. 마우스를 아래로 스크롤하면 자신의 마이이더월렛에 로그인한 상태를 볼 수 있다.다음 사진 참조

(마이이더월렛 지갑에 로그인 한 상태)

로그인 완료 후의 모습이다. 이곳으로 이더리움을 보내거나 받을 수 있다. 이더리움 블록체인 기반의 코인을 ICO할 때, 해당 코인을 수령하여 이곳으로 토큰을 받아 보관할 수 있다.

개인키(Private Key) 파일 활용 로그인

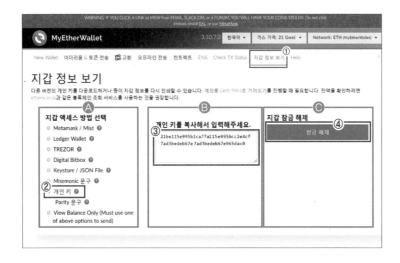

화면 실행 순서 설명

자신의 지갑에 로그인 하려면 화면 상단에 있는 '①지갑 정보 보기'를 클릭한다. 화면이 열리면, Ⓐ[지갑 액세스 방법 선택] 부분만 표시된다. Ⓐ의 선택내용에 따라 Ⓑ의 영역이 화면에 표시되고, Ⓑ에 제시된 조건을 충족시키면 Ⓒ의 영역이 나타나 로그인을 할 수 있게 된다.

Ⓐ[지갑 액세스 방법 선택]

②'개인키'를 선택한다. 우측에 Ⓑ[개인키 복사 입력] 메뉴가 나타난다.

Ⓑ[개인키를 복사해서 입력해 주세요]

③개인키를 복사하고 입력한다. 개인키를 복사하여 붙이기도 가능하고, 개인키의 숫자와 문자를 하나하나 입력하거나, QR 코드를 스캔하여 입력해도 된다. 개인키를 입력하면 Ⓒ영역 [지갑 잠금 해제]가 화면에 표시된다.

Ⓒ[지갑 잠금 해제]

Ⓒ영역이 표시되면, ④'잠금 해제' 아이콘을 클릭한다. 지갑에 로그인이 되어 마우스를 아래로 스크롤하면 자신의 마이이더월렛의 상태를 확인할 수가 있다.

이더리움 & 토큰 전송하기

위 사진은 마이이더월렛 초기 화면에 접속한 상태이다. '①이더리움&토큰 전송'을 클릭한다. 로그인 화면이 바뀐다. 앞에서 설명한 로그인 절차대로 로그인하면 아래와 같이 '이더리움 & 토큰 전송' 화면이 열린다.

우선 이더리움 또는 토큰을 보내고자 하는 주소를 '①받는 주소'에 입력한다. 다음은 '②보낼 수량'을 입력한다. 다만 ③의 표

시를 통해 보내고자 하는 것을 결정한다. 즉, ③에 ETH가 표시되어 있으면 이더리움을 전송하는 것이고, 코인을 보내고자 할 때는 아래 화살표(▼) 부분을 클릭하면 토큰을 선택할 수 있다. 자신이 희망하는 토큰의 기호를 선택한다. 다음은 '④가스 한도'를 입력한다. 여기서 말하는 '가스'는 코인이나 토큰을 보낼 때 지불하는 수수료와 같은 개념이다. 보통 화면에 나타난 대로 21,000을 입력한다. 따라서 화면을 그냥 두면 된다. 입력사항에 오류가 없는지 확인한 후, '⑤트랜잭션 생성'을 클릭한다. 화면이 송금처리 재확인 화면으로 바뀐다. 입력사항을 다시 한 번 확인하고, 최종적으로 클릭하면 된다.

커스텀 토큰 추가하기

마이이더월렛 지갑은 이더리움 기반의 모든 토큰을 보관할 수 있다. 관련 토큰을 보관하는 방법을 알아보자. 우선 마이이더월렛 지갑에 로그인한다.

먼저 보관하려는 토큰의 종류를 확인한다. '①Show All Tokens'를 클릭하여 기존 토큰 리스트에 해당 토큰의 단위(명칭)가 있는지 확인한다. 없다면 '②커스텀 토큰 추가'를 클릭한다. 여기에서는 Centra센트라를 추가해 보기로 한다.

〈토큰 추가 전〉 　　　　　　〈토큰 추가 후〉

'①커스텀 토큰 추가'를 클릭하면 바로 아래로 관련 내용을 입력하는 ②창녹색표시이 열린다. 여기에 '③주소', '④토큰 기호', '⑤소수 자릿수'를 차례대로 입력한다. 이와 관련된 내용은 해당 토큰을 개발한 사이트홈페이지에 공개되어 있다. 국내 포털 다음, 네이버를 검색해도 알 수 있고, 만약 ICO에 참여했다면 메일 등의 안내를 통해서 관련 정보를 수신받을 수 있다. 모든 내용을 입력했다면 '⑥저장'을 클릭한다. 토큰을 마이이더월렛에 추가

한 것이다. 성공적으로 토큰을 추가했다면, 토큰 잔액에 ⑦과 같이 CTR센트라의 단위가 표시된다. 맨 앞의 '⊖'표시를 클릭하면 추가한 토큰을 삭제하게 된다.

센트라(Centra) 토큰의 입력 정보

주소(Address): 0x96a65609a7b84e8842732deb08f56c3e21ac6f8a

토큰 기호(For Token Symbol is): CTR

소수 자릿수(For Decimals it is): 18

| 주 석 |

1부 미래를 위한 열쇠

1장 알고 싶은 미래 ———————————————

1 레이 커즈와일은 자신의 저서 『특이점이 온다』에서 2045년 전후로 컴퓨터의 계산 능력이 인간의 지능을 초월하는 특이한 시점(Technological Singularity)이 올 것으로 예측하였다.

2 한겨레 2015.02.27. '조만장자' 나올 수 있는 미래산업 18가지

2장 삶을 바꾸는 것 ———————————————

1 『잡노마드 사회(JOBNOMADEN)』, 군둘라 엥리슈 저, 이미옥 역, 문예출판사(2002).

2 출처: 네이버캐스트 "인터넷"
   원문: http://terms.naver.com/entry.nhn?docId=3573476&cid=59088&categoryId=59096

3 Schwab. K, 『The Fourth Industrial Revolution: what it means, how to respond』, World Economic Forum(2016).

4 『4차 산업혁명』, 김대호, 커뮤니케이션북스(2016).

5 『Deep Shift: Technology Tipping Points and Societal Impact』, World Economic Forum(2015).

6 『Deep Shift: Technology Tipping Points and Societal Impact』, World Economic Forum(2015).

3장 미래를 위한 준비

1 『Why? 화폐와 경제』, 윤상석, 예림당(2010).

2 『금리의 역사』, 시드니 호머·리차드 실라 저, 이은주 역, 리딩리더(2011).

3 화폐의 기원과 탄생: 한국은행 화폐박물관(http://museum.bok.or.kr/index.do)

4 『달러』, 엘렌 H. 브라운 저, 이재황 역, AK(2009).

2부 암호화폐 이해하기

4장 암호화폐 & 비트코인

1 네이버 지식백과_ 가상화폐·전자화폐·암호화폐(『시사상식사전』, 박문각).

5장 알트코인 & 이더리움

1 데이터망에 있어 한 가지 이상의 기능 단위가 통신로 또는 데이터 회선을 상호 접속하는 점(『컴퓨터 IT 용어대사전』, 전산용어사전편찬위원회, 일진사, 2011).

2 플랫폼은 'plat(구획된 땅)'과 'form(형태)'의 합성어로 '구획된 땅의 형태'를 의미한다. 즉, 경계가 없던 땅이 구획되면서 계획에 따라 집이 지어지고, 건물이 생기고, 도로가 생기듯이 '용도에 따라 다양한 형태로 활용될 수 있는 공간'을 상징적으로 표현한 단어다(『인간과 컴퓨터의 어울림』, 신동희, 커뮤니케이션북스, 2014).

| 주 석 |

6장 암호화폐 만들기

1 인터넷 초기에 포춘 500대 기업을 컨설팅했던 커머스넷 캐나다의 창립회
  장으로 이더리움 재단, OMERS 벤처스, 코인 센터, 블로크 등의 특별고문
  및 사외고문을 맡고 있다.
2 복사된 디지털 증거의 동일성을 입증하기 위해 파일 특성을 축약한 암호
  같은 수치로 일반적으로 수사과정에서 '디지털 증거의 지문'으로 통한다
  (출처: 한경 경제용어사전 http://dic.hankyung.com).
3 해시레이트는 논스값을 찾는 연산작용 과정에서 얻을 수 있는 마이닝의
  성공 확률과 실제로 마이닝에서 성공한 시간으로부터 도출되는 값으로
  계산된다. 해시레이트의 증감은 채굴자들이 보유한 채굴 장비들의 변화
  와 관련이 깊다.

3부 암호화폐 실전투자

7장 암호화폐 투자하기

1 암호화폐 거래시장에서 사용하는 은어로 '존나게 버티기'를 뜻한다. 코인
  을 매수를 하고, 시세가 하락해도 손해를 줄이기 위해 매도하지 않고, 시
  세가 상승할 때까지 기다린다는 의미이다.

생초보를 위한 암호화폐 설명서

초판 1쇄 인쇄 2018년 1월 2일
초판 1쇄 발행 2018년 1월 5일

지은이 | 황정훈
펴낸이 | 김진성
펴낸곳 | 호이테북스
편   집 | 허강, 정소연, 신은주, 박진영
디자인 | 이선영, 장재승
관   리 | 정보해

출판등록 | 2005년 2월 21일 제2016-000006호
주 소 | 경기도 수원시 장안구 팔달로237번길 37, 303(영화동)
전 화 | 02-323-4421
팩 스 | 02-323-7753
홈페이지 | www.heute.co.kr
이메일 | kjs9653@hotmail.com

Copyright ⓒ 황정훈
값 17,000원
ISBN 978-89-93132-56-4 03320